LE HAVRE

Marine, Commerce et Industrie
Instruction et Education
Hygiène et Assistance Publiques
Principales Œuvres
Philanthropiques et Sociales

Notice publiée à l'occasion du Congrès International d'Instituteurs

SEPTEMBRE 1885

HAVRE

IMPRIMERIE DU PROGRÈS. — MAUDET & GODEFROY

19, Quai d'Orléans, 19

POPULATION

VILLE DU HAVRE

Recensement de 1857........   64.137 habitants

    »   » 1862.......   74.336   »

    »   » 1867.......   74.900   »

    »   » 1872.......   86 825   »

    »   » 1876.......   92.068   »

    »   » 1881.......   105.867   »

LE HAVRE

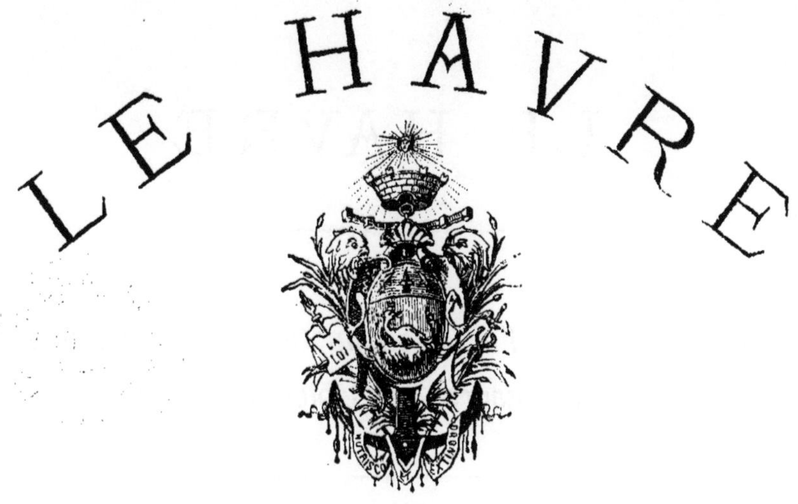

Marine, Commerce et Industrie
Instruction et Education
Hygiène et Assistance Publiques
Principales Œuvres
Philanthropiques et Sociales

Notice publiée à l'occasion du Congrès International d'Instituteurs

SEPTEMBRE 1885

HAVRE

Imprimerie du Progrès. — Maudet & Godefroy
19, Quai d'Orléans, 19

LE HAVRE

Notice publiée à l'occasion du Congrès international d'Instituteurs, en Septembre 1885

I. — MARINE, COMMERCE ET INDUSTRIE

Le Port du Havre

Le port se compose d'un avant-port, de huit bassins à flot, d'un sas, de douze écluses de navigation et de quatre formes de radoub.

Les huit bassins à flot ont ensemble une superficie de cinquante-deux hectares soixante-dix ares. Le développement des quais atteint 9,630 mètres, dont 9,165 mètres sont utilisables pour le commerce. La surface des terre-pleins qui règnent en arrière des murs est de vingt-quatre hectares quatre-vingt-dix ares, déduction faite des rues de service.

Des voies ferrées en communication directe avec le réseau de l'Ouest sont établies autour des bassins de la Citadelle, Vauban et du Dock, sur le quai Ouest et Nord-Est du bassin de l'Eure et sur les quais Est et Nord du bassin de la Barre. Ces voies se relient avec les Docks-

Entrepôts, les Magasins Généraux et les docks du Pont-Rouge, vastes entrepôts à la disposition du commerce.

La Chambre de Commerce a établi des hangars autour du bassin de la Citadelle et sur le quai Ouest du bassin de l'Eure ; elle a également un hangar au quai Est du même bassin. Ces constructions, au nombre de sept, ont une longueur totale de 950 mètres et une superficie de 23,768 mètres.

Trois machines à mâter de trente, cinquante et cent tonnes, et six grues fixes de deux à seize tonnes, sont à la disposition du public.

Indépendamment de ces installations, il existe un assez grand nombre de hangars, tentes et grues spécialement affectés au service des compagnies maritimes ou d'armateurs titulaires de concessions sur les quais.

Les navires trouvent, au Havre, pour se réparer, un dock flottant de soixante-quatre mètres de longueur, un gril de carénage de quarante-sept mètres soixante-cinq centimètres, des pontons pour l'abatage en carène et quatre formes de radoub ayant les dimensions ci-après indiquées :

FORMES	LONGUEUR sur tins	LARGEUR de l'écluse d'entrée	NIVEAU du haut radier de l'écluse d'entrée par rapport au zéro des cartes marines
Citadelle n° 1	45 mètres	11 mètres	2 mètres 15
» n° 2	55 »	13 »	1 » 65
n° 3	70 »	16 »	1 » 15
Eure.........	130 »	30 »	0 » 85

L'ouvert du port est indiqué pendant la nuit par un feu blanc, d'une portée de dix milles, établi à l'extrémité de la jetée du Nord; par un feu fixe rouge varié par des éclats, d'une portée de dix milles, placé à l'extrémité de la jetée du Sud, et par un autre feu rouge installé sur le Grand-Quai pour préciser l'axe du chenal. Ce système d'éclairage est complété au Nord par les deux phares du cap de la Hève, qui ont une portée de vingt-sept milles, et au sud par les phares du Hoc, d'Honfleur et de Fatouville. Par les temps de brume, les navires sont guidés par les notes prolongées d'une sirène ou trompette à air comprimé, juxtaposée au phare de la jetée du Nord. Des indications très variées et très précises sont en outre transmises aux navires en rade par le sémaphore de la même jetée, dont les signaux sont répétés au Sud du chenal, et qui communique avec le sémaphore de la Hève.

Depuis le 1er Juin 1881, le chenal, l'avant-port, ainsi que les écluses d'accès aux bassins du Roi, de la Barre, de la Citadelle et de l'Eure, sont éclairés à la lumière électrique, à chaque marée, pendant trois heures, dont une avant et deux après le plein.

De grands ouvrages sont actuellement en construction pour améliorer le port; nous citerons notamment :

Un neuvième bassin à flot qui coûtera environ vingt-trois millions; ce bassin est divisé en deux parties, dont l'une va être livrée à la navigation incessamment;

Un canal de navigation entre le Havre et Tancarville, qui mesurera vingt-cinq kilomètres de longueur, destiné à faciliter aux péniches du Nord l'accès du port du Havre; ce canal sera livré à la navigation en 1886;

L'installation d'appareils hydrauliques pour la manœuvre des ponts, portes, cabestans et vannes des écluses du port;

La construction de hangars publics sur les terrepleins du neuvième bassin à flot, ainsi que l'établissement d'un grand nombre de grues hydrauliques, par la Chambre de Commerce du Havre.

Mouvement général de la Navigation du Port du Havre

ANNÉES	NAVIRES A VOILES		STEAMERS		TOTAL	
	Navires	Tonneaux de jauge	Navires	Tonneaux de jauge	Navires	Tonneaux de jauge
1850	6.581	854.689	2.464	284.462	9.045	1.139.151
1855	8.817	1.095.891	3.360	473.348	12.177	1.569.239
1860	7.642	1.355.859	4.413	691.706	12.055	2.047.565
1865	6.585	987.014	4.536	813.427	11.121	1.800.441
1870	6.366	1.277.140	5.054	1.491.423	11.420	2.768.563
1875	5.888	1.174.360	5.958	2.135.838	11.846	3.310.198
1880	6.104	1.524.809	6.713	2.993.393	12.817	4.518.202
1883	4.417	874.097	7.453	3.795.767	11.870	4.669.864
1884	4.314	983.910	7.326	3.648.368	11.640	4.632.278

Mouvement des Marchandises, au Port du Havre, en poids et en valeurs

ANNÉES	IMPORTATIONS		EXPORTATIONS		TOTAL	
	Poids (tonnes de 1,000 kil.)	Valeurs (francs)	Poids (tonnes de 1,000 kil.)	Valeurs (francs)	Poids (tonnes de 1,000 kil.)	Valeurs (francs)
1875	959.922	784.355.645	395.811	793.159.226	1.355.733	1.577.514.871
1880	1.719.949	1.045.906.904	410.925	1.016.713.725	2.130.874	2.062.710.629
1883	1.542.712	943.958.363	518.496	957.114.773	2.061.208	1.901.073.136

Importations en 1883

DÉSIGNATION DES MARCHANDISES	COMMERCE GÉNÉRAL Marchandises étrangères arrivées pendant l'année 1883	
	Quantités Quint. mèt.	Valeurs actuelles francs
Coton en laine...............	1.215.936	166.434.274
Café........................	964.097	134.009.464
Tissus, passementerie et rubans de soie et de bourre de soie....................	9.718	86.047.750
Laines en masse.............	332.741	69.875.566
Tissus, passementerie et ruban de coton....................	31.556	45.218.359
Céréales (grains et farines)...	1.927.426	44.838.492
Peaux brutes................	224.027	39.936.664
Cuivres de toutes sortes......	182.016	26.630.967
Graisses de toutes sortes.....	249.177	25.091.931
Bois exotiques...............	1.039.716	21.203.522
Vins........................	379.874	16.219.468
Huiles végétales de toutes sortes	181.187	15.650.758
Tabac en feuilles ou en côtes..	113.619	13.634.250
Graines oléagineuses.........	448.898	13.491.314
Horlogerie..................	1.009	13.243.522
Soies et bourres de soie......	3.203	11.708.232
Cacaos......................	57.021	11.689.438
Indigo......................	5.747	10.057.303
Bâtiments de mer............	366.120	9.130.775
Bois communs...............	869.643	8.260.460
Houille crue................	4.984.020	7.476.030
Caoutchouc et gutta-percha bruts ou refondus en masse.	8.466	5.587.685

IMPORTATIONS EN 1883 *(suite)*

DÉSIGNATION DES MARCHANDISES	COMMERCE GÉNÉRAL Marchandises étrangères arrivées pendant l'année 1883	
	Quantités Quint. mèt.	Valeurs actuelles francs
Tissus, passementerie et rubans de laine	4.782	5.433.086
Peaux et pelleteries ouvrées	4.745	5.254.612
Fromages	30.905	5.099.385
Eaux-de-vie, esprits et liqueurs	61.305	5.051.325
Tresses ou nattes de paille, d'écorce et de sparte	3.425	4.869.877
Outils et ouvrages en métaux	49.206	4.727.360
Poivre	21.156	4.019.632
Ecorces de quinquina	7.759	3.646.758
Plumes de toutes sortes	1.233	3.575.862
Bitumes solides, fluides, et goudron minéral	237.610	3.460.846
Fer, fonte et acier	162.347	3.384.597
Machines et mécaniques	20.730	3.215.133
Graines à ensemencer	19.614	2.942.136
Poissons de mer, frais, secs, marinés ou à l'huile	14.848	2.817.019
Sucres	60.836	2.792.003
Tissus, passementerie et rubans de lin ou de chanvre	6.687	2.688.861
Plomb (métal brut)	92.026	2.668.768
Cornes de bétail brutes	22.156	2.658.779
Fanons de baleines bruts	471	2.260.128
Nacre de perle en coquilles brutes	7.621	2.133.835
Fruits de table et fruits oléagineux	42.108	1.994.140

IMPORTATIONS EN 1883 *(suite)*

DÉSIGNATION DES MARCHANDISES	COMMERCE GÉNÉRAL Marchandises étrangères arrivées pendant l'année 1883	
	Quantités Quint. mèt.	Valeurs actuelles francs
Papier, carton, livres et gravures	10.592	1.961.751
Bijouterie d'or et de platine	5	1.876.064
Légumes secs et leurs farines	58.160	1.861.111
Graisses de poisson	23.193	1.850.188
Poteries, verres et cristaux	18.067	1.552.478
Zinc de première fusion	43.003	1.505.109
Etain brut	6.307	1.500.971
Viandes fraîches et salées	11.338	1.483.435
Phormium tenax, abaca et végétaux filamenteux non dénommés	26.512	1.458.177
Drilles de toute sorte	54.213	1.381.643
Ouvrages en bois	52.722	1.368.425
Crins bruts, préparés ou frisés	4.313	1.229.333
Riz en grains ou en paille	34.055	1.106.752
Joncs et roseaux bruts	16.000	1.039.955
Nitrates de potasse et de soude	37.279	997.727
Fécules indigènes et exotiques	12.033	860.551
Matériaux	187.432	780.731
Autres articles	364.447	36.515.619
TOTAL	15.426.457	930.460.389
Or et argent	664	13.497.974
TOTAL GÉNÉRAL	15.427.121	943.958.363

Exportations en 1883

DÉSIGNATION DES MARCHANDISES	COMMERCE GÉNÉRAL Marchandises françaises et étrangères exportées pendant l'année 1883	
	Quantités Quint. mèt.	Valeurs actuelles francs
Tissus, passementerie et rubans de soie et de bourre de soie	22.751	177.821.239
Tissus, passementerie et rubans de laine	96.181	145.611.788
Peaux et pelleteries ouvrées.	45.026	76.143.265
Tissus, passementerie et rubans de coton	74.913	73.358.005
Café	356.140	49.503.475
Vêtements et pièces de lingerie cousues	21.710	23.959.004
Peaux et pelleteries brutes....	92.855	22.696.685
Outils et ouvrages en métaux.	101.546	22.535.073
Soies et bourre de soie	4.797	19.114.678
Horlogerie	5.335	15.789.821
Bimbeloterie et boutons	25.135	15.541.861
Extraits de bois de teinture...	122.564	14.585.124
Plumes de parure	2.177	14.369.975
Tissus, passementerie et rubans de lin ou de chanvre..	30.906	14.360.706
Coton en laine	90.258	11.823.840
Vins	94.778	11.265.938
Papier, carton, livres et gravures	40.576	10.827.311
Bijouterie en métaux autres que l'or, le platine ou l'argent	791	10.605.564
Beurre	33.190	9.627.611

EXPORTATIONS EN 1883 *(suite)*

DÉSIGNATION DES MARCHANDISES	COMMERCE GÉNÉRAL Marchandises françaises et étrangéres exportées pendant l'année 1883	
	Quantités Quint. mèt.	Valeurs actuelles francs
Poteries, verres et cristaux...	134.953	9.243.876
Médicaments composés.......	24.811	7.381.353
Modes et fleurs artificielles...	7.223	7.333.974
Sucres raffinés..............	110.382	7.285.501
Poils de toute sorte.........	7.698	7 210.041
Machines et mécaniques.....	49.526	7.111.933
Tresses ou nattes de paille, d'écorce ou de sparte.......	3.497	6.658.461
Lorgnettes, tabletterie et éventails......................	3.544	6.617.505
Meubles et ouvrages en bois.	96.885	6.494.865
Bijouterie et orfèvrerie d'or, de platine ou d'argent......	21	5.821.604
Fromages....................	30.350	5.307.874
Chapeaux de paille, d'écorce, de sparte et de fibres de palmier, grossiers ou fins..	1.806	5.113.895
Parfumeries.................	15.370	4.534.952
Cacaos	20.829	4.269.968
Chapeaux de feutre..........	1.685	4.001.600
Tabac en feuilles ou en côtes .	39.175	3.721.585
Meules à moudre et à aiguiser.	84.897	3.705.046
Armes de guerre et de commerce	8.918	3.622.416
Fer, fonte et acier...........	101.840	3.569.336
Laines et déchets de laine	12.338	3.446.840
Houille crue	2.189.063	3.283.595
Ecorces de quinquina........,	6.444	3.028.826

EXPORTATIONS EN 1883 *(suite)*

DÉSIGNATION DES MARCHANDISES	COMMERCE GÉNÉRAL Marchandises françaises et étrangères exportées pendant l'année 1883	
	Quantités Quint. mèt.	Valeurs actuelles francs
Instruments d'optique, de calcul, d'observations et de précision..................	3.332	3.266.295
Graisses et dégras de peaux..	29.568	2.994.385
Instruments de musique......	2.877	2.898.768
Couleurs de toute sorte.......	34.781	2.635.842
Huiles végétales de toute sorte.	26.368	2.551.468
Eaux-de-vie, esprits et liqueurs	24.926	2.409.623
Tartrates..................	9.800	2.001.662
Bois exotiques..............	78.792	1.878.247
Graines à ensemencer........	11.207	1.793.112
Poissons marinés ou à l'huile.	8.610	1.787.680
Guano....................	58.023	1.740.694
Brosserie de toutes sortes....	4.277	1.732.234
Fils de toutes sortes.........	5.051	1.712.480
Glycérine..................	9.802	1.548.738
Chevaux	5.313	1.423.450
Fruits de table et fruits oléagineux	20.089	1.256.777
Sucres bruts...............	18.574	1.084.345
Pommes de terre et légumes secs.	87.617	886 811
Céréales (grains et farines) ...	27.604	613.851
Autres articles..............	505.186	42.330.341
TOTAL	5.184.690	936.852.812
Or et argent	268	20.261.961
TOTAL GÉNÉRAL ..	5.184.958	957.114.773

PRINCIPAUX ÉTABLISSEMENTS INDUSTRIELS
DU HAVRE

Forges et Chantiers de la Méditerranée

31, rue d'Harfleur

Grande usine métallurgique pour la construction des navires à vapeur, des chaudières marines, des canons, des locomotives, etc.

Cette maison, fondée en 1835, par MM. Mazeline frères, est devenue la propriété de la Société de l'Océan; puis enfin, en 1871, celle de la Société actuelle, sous le titre social de *Société Nationale des Forges et Chantiers de la Méditerranée.*

Elle occupe 2,000 ouvriers, quelquefois davantage. Son chiffre d'affaires annuel est approximativement d'une cinquantaine de millions.

Ses vastes ateliers sont situés sur la rive gauche et la rive droite du canal Vauban, rue d'Harfleur, 31, et son chantier de constructions navales est établi sur le territoire de Graville-Sainte-Honorine, au bord de la mer.

Ateliers et Chantiers de la Loire (annexe du Havre)

73, quai Colbert

Usine importante créée en 1834 par M. Nillus, acquise en 1873 par la Société anonyme de constructions navales, et devenue enfin, en 1884, la propriété de la *Société anonyme des Ateliers et Chantiers de la Loire.*

Cette usine, qui occupe de trois à six cents ouvriers, livre à l'Industrie et à la Marine des machines et chaudières marines et fixes, des navires en fer et des machines-outils de toutes sortes. Elle entreprend également la construction des canons et affûts.

Ses ateliers sont situés sur le quai Colbert et son chantier de constructions navales sur Graville-Sainte-Honorine, au bord de la mer.

Le chiffre annuel de ses affaires (annexe du Havre) est d'environ deux millions.

Chantiers Normand

67, *rue du Perrey*

Célèbres chantiers de constructions navales fondés en 1816, par Augustin Normand, et faisant suite à l'établissement d'Honfleur, appartenant à sa famille depuis 1730 environ, époque à laquelle ils furent créés par son bisaïeul.

Cet établissement peut occuper de 550 à 700 ouvriers, suivant l'importance des travaux en cours. On y construit des navires en bois, en fer et en acier, des torpilleurs et des machines à vapeur marines.

Usine Dubosc

Rue du Pont-aux-Boisettes

Cette usine, fondée en 1862, s'occupe spécialement des extraits de bois de teinture et des produits chimiques. — La maison Dubosc possède également, à Graville-Sainte-Honorine, une fabrique de produits céramiques du bâtiment.

Quand ces deux industries sont en pleine activité, elles occupent 450 ouvriers.

Le chiffre annuel des affaires de cette importante maison, qui a établi une succursale à Riga (Russie), est de huit à dix millions de francs.

———————————

Scierie Humbert et Noël

Boulevard de Tancarville, 243

Cet important établissement, fondé en 1863, s'occupe du commerce des bois du Nord, de l'exploitation des scieries mécaniques et de la fabrication des moulures et parquets.

La maison Humbert et Noël occupe environ 200 ouvriers, et le chiffre annuel de ses affaires est d'environ huit millions de francs.

———————————

Usine Desmarais (Maison du Havre)

Boulevard de Tancarville, 198

Raffinerie de pétrole et fabrique d'huiles de graines.

L'usine du Havre, fondée en 1881, pour produire journellement 150 fûts d'huile de pétrole ou d'essence minérale, s'est développée graduellement, et, en ce moment, sa production par 24 heures peut être de 450 barils d'huile raffinée ou d'essence.

A côté de la Raffinerie de pétrole, il vient d'être installé une fabrique d'huiles de graines, capable de broyer journellement 50,000 kilogrammes de graines.

Les deux établissements occupent ensemble 200 ouvriers environ.

Docks-Entrepôts

Quai Est du Bassin de l'Eure

Cet établissement indispensable au Commerce a été créé, en 1857, par une Compagnie jouissant du privilège de l'entrepôt réel des Douanes pour 99 ans, époque à laquelle les bâtiments feront retour à l'Etat.

Les Docks ont une superficie de 232,000 mètres, occupée par :

Magasins de 1 à 3 étages............	68.000 mètres
Cours, passages couverts et hangars.	75.000 »
Surface du bassin....................	44.500 »
Chaussées et voies ferrées découvertes	44.500 »
Le tout, soit	232.000 mètres

tclos de murs de 4 mètres de hauteur ; la sécurité es

sauvegardée par la Douane, la police municipale et les agents de la Compagnie, jour et nuit en surveillance.

Les constructions des Docks sont faites pour recevoir en magasin 186,000 tonnes de marchandises assorties; ils reçoivent annuellement 120,000 tonnes représentant un mouvement de 300,000 tonnes d'entrées et sorties.

Les Docks reçoivent annuellement dans leur bassin spécial 300 navires, principalement les grands steamers des lignes françaises, anglaises et hambourgeoises, qui débarquent environ 330,000 tonnes de marchandises.

Grâce au système hydraulique permettant de décharger 1,000 sacs de café à l'heure, des navires de 25 à 30,000 sacs peuvent être déchargés en trois ou quatre jours.

Les Docks sont reliés à la Gare du chemin de fer de l'Ouest pour le transport direct des marchandises d'importation et d'exportation dépassant 75,000 tonnes par an.

L'usage des récépissés-warrants est largement pratiqué dans les Docks. Plus de 15,000 titres, représentant une valeur de F. 200,000,000, sont délivrés annuellement.

L'année 1884 présente les résultats suivants :

Mouvement général des Marchandises sous Warrant dans les Docks-Entrepôts pendant l'année 1884.

	Poids	Valeurs Fr.
Stock au 1ᵉʳ Janvier 1884....	62.942.131	60.071.100
Entrées pendant l'année 1884	238.704.138	256.682.100
Total *(à reporter)*..	301.646.269	316.753.200

	Poids	Valeurs Fr.
TOTAL *(report)*.....	301.646.269	316.753.200
Sorties pendant l'année 1884.	244.579.098	264.285.000
STOCK au 1er Janvier 1885.	57.067.171	52.468.200

La Compagnie des Docks prête elle-même sur les Warrants des marchandises déposées dans ses magasins ; elle remplit les formalités de Douane pour compte des tiers porteurs de Titres, afin d'assurer économiquement la sécurité commerciale.

Compagnie Havraise de Magasins Publics et de Magasins Généraux

Rue du Pont-Rouge

Les Magasins Généraux occupent un emplacement situé rue du Pont-Rouge, et à proximité du chemin de fer, avec lequel ils sont reliés par une voie ferrée.

Cet établissement a une surface de 148,000 mètres carrés, dont 70,000 mètres couverts par 210 magasins, et 16,000 mètres couverts par 12 cours couvertes, soit 86,000 mètres pouvant abriter 120 à 150,000 tonnes, suivant la nature des marchandises.

Mouvement général des entrées et sorties, pendant l'année 1884.

Stock au 1er Janvier...............	52.601	tonnes.
Entrées du 1er Janvier au 31 Décembre.....................	182.144	»
Sorties du 1er Janvier au 31 Décembre.....................	181.929	»

ayant donné une moyenne mensuelle de 69,388 tonnes.

Docks du Pont-Rouge

8, rue du Pont-Rouge

Ces Magasins, créés en 1871, sont situés sur divers terrains du quartier de l'Eure, d'une surface totale de 80,000 mètres carrés.

La superficie couverte est d'environ 40,000 mètres carrés, et elle peut recevoir de 80 à 100,000 tonnes de marchandises.

Mouvement général des Marchandises dans les Docks du Pont-Rouge, pendant l'année 1884

	Poids kilog.	Valeurs francs
Stock au 1er Janvier 1884.....	59.530.567	19.758.900
Entrées pendant l'année 1884.	55.417.312	20.820.000
Total	114.947.882	40.578.900
Sorties pendant l'année 1884 .	49.946.797	20.171.100
Stock au 1er Janvier 1885..	65.011.085	20.407.800

II. — INSTRUCTION ET ÉDUCATION

Bibliothèque Municipale

Chaussée des Etats-Unis (Entrée rue des Viviers)

La Bibliothèque Municipale a été commencée avec des livres provenant des monastères supprimés en 1790. Elle doit à son origine un certain nombre de volumes qui ont appartenu aux abbayes de Montivilliers, de Saint-Wandrille et de Fécamp.

Augmentée par les achats de la Ville et par les dons de l'Etat et des particuliers, elle compte aujourd'hui 37,242 volumes, dont la meilleure partie concerne l'histoire, la géographie, la philologie, la technologie et les sciences naturelles.

A la Bibliothèque est joint un Musée de curiosités historiques et géographiques. On peut y puiser d'intéressantes notions sur l'art et l'industrie de l'Egypte ancienne, de la Grèce, de Rome, de la Gaule, de la France, de l'Italie, de l'Espagne, de l'Hindoustan, de la Chine, du Japon, du Pérou, etc.

Les objets relatifs à l'histoire de la région ont été réunis dans la galerie Cochet.

La Bibliothèque renferme en outre une collection numismatique de plus de 6,000 médailles et monnaies et une collection d'autographes.

La Bibliothèque est ouverte les lundi, mardi, mercredi, vendredi et samedi, de onze heures du matin à quatre heures de l'après-midi, et de six heures et demie à neuf heures et demie du soir. Le jeudi, elle est ouverte de dix heures du matin à quatre heures de l'après-midi.

Musée de Peinture et de Sculpture

Chaussée des Etats-Unis

Le Musée a été construit en 1845, sur l'emplacement de l'ancien logis du Roi.

Le Musée de peinture contient quelques belles toiles, entre autres un *portrait de femme* attribué à Clouet, dit Jehannet, une *sainte Catherine*, par Guido Reni ; une *petite fille conduisant une chèvre*, par Albert Cuyp ; une *marine*, par Van de Velde ; la *chute de Simon le magicien*, par Solimena ; un *paysage avec figures*, par Van Bloemen ; *Loth et ses filles*, par Vien ; une *tête de femme*, par Géricault ; un *troupeau de moutons dans un paysage*, par Troyon ; l'*Avarice*, par Emile Lévy ; le *moulin*, par Hanoteau ; la *corvée d'eau*, par Léon Couturier ; l'*interdit*, par Laurens, et quelques autres toiles de l'Ecole moderne (Courbet, Hamelin et Dawant). Dans les autres genres, il convient de citer l'*écolière*, pastel par Galbrund ; les *sept péchés capitaux*, dessins par Yvon ; le *bord d'une rivière* et un *étang*, fusains par Appian.

Quant au Musée de sculpture, il offre de bonnes copies en plâtre des antiques les plus célèbres, deux bronzes de Cordier représentant un *Nubien* et une *Nubienne*, et quelques marbres dont les plus remarquables sont : *Psyché*, par Oudiné ; *Sainte-Madeleine*, par Gayrard ; *Rébecca*, par Fabisch ; la *Navigation*, par Joseph Felon.

Le Musée est ouvert au public les dimanche, mardi et jeudi de chaque semaine, de dix heures du matin à cinq heures du soir, du 1er Avril au 30 Septembre ; et de dix heures du matin à quatre heures du soir, du 1er Octobre au 31 Mars. — Il est, en outre, ouvert tous les jours aux étrangers se faisant accompagner du concierge.

Muséum d'Histoire naturelle

Place du Vieux-Marché

Le Muséum, qui, précédemment, était établi dans le même bâtiment que le Musée de peinture et la Bibliothèque, a été transféré, il y a quatre ans, dans l'ancien Palais-de-Justice.

Il renferme de remarquables collections de zoologie, de paléontologie et de minéralogie.

Les collections minéralogiques comprennent plus de 3,000 échantillons.

Les classes des oiseaux et des insectes sont richement représentées au Muséum, mais la série des fossiles contient des pièces d'un intérêt supérieur.

Le Muséum est ouvert les dimanche et jeudi de chaque semaine, de dix heures du matin à cinq heures du soir, du 1er Avril au 30 Septembre ; et de dix heures du matin à quatre heures du soir, du 1er Octobre au 31 Mars. — Il est, en outre, ouvert tous les jours aux étrangers se faisant accompagner du concierge.

Ecole Municipale des Beaux-Arts

Rue Jules-Lecesne, 44

La création d'une Ecole de Dessin au Havre remonte à 1819. Elle est due à M. Lemaître, architecte, père du célèbre Frédéric Lemaître.

Elle ne fut définitivement constituée qu'en 1829.

Cette Ecole, qui a été installée en 1881 dans le local de l'ancien Temple Maçonnique, acquis par la Ville, existait précédemment dans les bâtiments de l'ancienne Ecole Industrielle, rue Bernardin-de-Saint-Pierre.

A la suite d'une convention intervenue le 27 Mars 1883, entre M. le Ministre de l'Instruction Publique et des Beaux-Arts et l'Administration Municipale, l'Ecole de Dessin, réorganisée sur de nouvelles bases, a pris définitivement le titre d'*Ecole Municipale des Beaux-Arts*.

Les cours professés à cet établissement sont les suivants :

1° Etudes préparatoires d'après les plâtres, masques, etc.

2° Dessin d'après les bustes, morceaux et bas-reliefs ;

3° Dessin d'après les statues moulées sur l'antique ;

4° Etudes d'après le modèle vivant ;

5° Sculpture ;

6° Ornement d'après le relief ;

7° Dessin linéaire industriel ;

8° Histoire de l'Art. (Cette chaire n'a pas actuellement de titulaire.)

L'Ecole est administrée par un Directeur, sous la surveillance d'une Commission Municipale spéciale.

Les professeurs sont au nombre de quatre.

Pendant l'année scolaire 1884/85, le nombre des élèves inscrits, pour la partie artistique, a été de 56 (32 pour le cours de dessin de figure proprement dit, et 24 pour le dessin d'ornement d'après le relief et le cours de sculpture). Le cours de dessin industriel a été suivi par 55 élèves.

Les dépenses de l'Ecole figurent au budget de 1885 pour 12,600 fr.; l'Etat y participe pour une somme de 3,000 fr.

Conservatoire Municipal de Musique et de Déclamation

(SUCCURSALE DU CONSERVATOIRE NATIONAL)

Rue Joinville, 13

Fondée en 1873, l'Ecole Municipale de Musique a été érigée en succursale du Conservatoire National, par décret du 8 Avril 1884.

Elle est administrée par une Commission consultative de sept membres, nommée par le Maire, qui en est de droit Président d'Honneur. A la tête de l'Etablissement sont placés un directeur, nommé par arrêté ministériel, et un Inspecteur Municipal.

Les cours suivants sont professés à ladite école : solfège (jeunes gens et jeunes filles), chant, violon, violoncelle, clarinette, hautbois, basson, cor, trombone, piston et musique d'ensemble.

Une récente décision ministérielle, prise conformément à un avis du Conseil municipal, vient de créer un cours de déclamation et de lecture.

Dix professeurs sont attachés à l'établissement.

Voici le nombre des élèves qui ont fréquenté l'école en 1884 :

SOLFÈGE		INSTRUMENTS			au total :
Garçons	Filles	à cordes	à anche	de cuivre	
99	127	30	10	9	275

Les dépenses de l'Ecole figurent au budget de la Ville pour une somme de 18,600 fr.; mais l'Etat y contribue par une subvention annuelle de 5,000 fr.

❖❖❖

Ecole supérieure de Commerce

21, rue Ancelot

L'Ecole supérieure de Commerce du Havre, fondée en 1871, par un groupe de négociants havrais, se propose de contribuer à former des négociants, des administrateurs et des employés capables, non-seulement de bien diriger notre commerce intérieur, mais encore de développer les relations de la France avec les pays étrangers. Dans ce but, elle s'adresse de préférence à des jeunes gens dont l'instruction générale est déjà terminée, et qui, avant d'entrer dans la carrière commerciale, désirent s'assurer les conditions de succès que leur promet une étude intelligente et approfondie des questions de comptabilité, de finances et de commerce national et international.

La durée des études est de deux ans.

L'Ecole supérieure de Commerce du Havre ne reçoit que des élèves externes ; mais elle exige qu'ils soient placés sous la responsabilité d'un correspondant, et qu'ils soient logés et nourris dans une famille honorable.

Outre la rétribution scolaire, qui est de 600 fr., les ressources financières de l'Ecole consistent en diverses subventions et en bourses, au nombre de 18, payées par l'Etat, le Département, la Ville et la Chambre de Commerce.

L'organisation de l'Ecole comporte un Conseil d'administration, un directeur, un sous-directeur et dix professeurs.

L'enseignement est exclusivement commercial. Il comprend : 1° un Bureau commercial; 2° la Géographie commerciale et l'Histoire générale du Commerce ; 3° l'étude des Marchandises et des Matières premières ; 4° la Législation commerciale et l'Economie politique ; 5° un Cours d'armement maritime; 6° la Calligraphie ; 7° l'Anglais; 8° l'une des deux langues Allemande ou Espagnole, au choix des élèves ; 9° des Conférences.

Les élèves, accompagnés du professeur de marchandises ou du professeur d'armement maritime, font de fréquentes visites dans les Docks, Magasins Généraux, Chantiers, etc. — Sous la conduite du Directeur, ils ont visité Hambourg l'année dernière, et le Danemark cette année.

L'Ecole compte actuellement quarante élèves.

Lycée de Garçons

2, Rue Ancelot

Le Lycée a été établi en 1866 dans les bâtiments qu'il occupe actuellement.

La dépense totale (acquisition de terrain et construction) s'est élevée à 2.113.300 francs. L'Etat y a participé pour une somme de F. 240,000.

Le Lycée du Havre a été élevé à la 1re catégorie le 1er Avril 1883.

L'Administration du Lycée se compose d'un proviseur, d'un censeur, d'un économe, de deux commis d'économat et d'un surveillant général.

Les professeurs sont ainsi répartis :

Enseignement classique. {	Sciences ..	5
	Lettres ...	10
— spécial... {	Sciences ..	4
	Lettres ...	4
— primaire!............		5
Langues vivantes .... {	Anglais...	2
	Allemand.	2

En outre, il existe auprès du personnel administratif du Lycée, deux bureaux : le bureau d'administration et le comité de patronage de l'enseignement spécial.

Les questions pédagogiques sont traitées par le conseil des professeurs, sous la présidence du Proviseur.

Au 30 Juin 1885, le nombre des élèves se répartissait ainsi :

Pensionnaires	76
Demi-pensionnaires	131
Externes	325
TOTAL	532

Tous les élèves sont français, sauf deux : un anglais et un péruvien.

Le Budget de l'Etablissement pour 1885 a été établi en recettes à 307,802 fr. 50 et en dépenses à 298,626 fr. 25.

Une somme de 21,575 fr. est inscrite annuellement au Budget de la Ville pour *bourses communales au Lycée*.

Lycée de Filles

Rue de l'Orangerie

Dès l'année 1880, le Conseil Municipal du Havre a décidé en principe la création d'un Lycée de Filles; mais les conditions d'organisation, le choix des terrains, les plans et devis de l'établissement ont été successivement arrêtés par délibérations des 9 Novembre 1881, 17 Mai 1882 et 6 Août 1884, après entente avec M. le Ministre de l'Instruction Publique et M. le Recteur de l'Académie.

Le Lycée de Filles est établi sur un terrain d'environ 3,800 mètres, situé entre la rue de l'Orangerie et la rue Naude. L'ensemble des dépenses (acquisition de terrains et immeubles, construction des bâtiments neufs, mobiliers, etc.), est évaluée à 820,000 fr., et l'Etat y participe pour moitié.

Le Lycée comprend l'enseignement secondaire de jeunes filles, et les classes élémentaires préparatoires de cet enseignement; il comporte l'externat et le demi-pensionnat.

Les frais d'études sont ainsi fixés :

100 fr. par an pour les classes primaires prépara-toires ;

120 fr. par an pour la première année d'enseigne-ment secondaire ;

180 fr. pour les années ultérieures d'enseignement secondaire.

Le Conseil Municipal s'est engagé à entretenir, au Lycée de jeunes Filles, dix bourses d'externes et cinq bourses de demi-pensionnaires.

Les frais du personnel administratif et enseignant sont à la charge exclusive de l'Etat.

Ecole primaire supérieure de Garçons

Rue Dicquemare, 1

Ancienne Ecole industrielle et commerciale, réorga-nisée et installée en 1883, dans de nouvelles construc-tions.

En dehors de l'enseignement primaire supérieur, un Cours de marchandises est professé à cet établissement par un courtier de la place.

Des ateliers sont annexés à l'Ecole pour l'application complète du programme ; ils sont divisés en deux parties, qui comprennent l'une le travail du bois, l'autre le travail du fer (1).

Les élèves qui sortent de cette Ecole, après y avoir passé trois années, entrent pour la plupart dans le commerce ou l'industrie. — Un certain nombre vont à l'Ecole supérieure de Commerce ou à l'Ecole des Arts-et-Métiers ; une dizaine se présentent chaque année au brevet, et un nombre égal au certificat d'études primaires supérieures. — Quelques-uns, enfin, se préparent à l'Ecole Normale.

140 élèves fréquentent cette Ecole, qui coûte à la Ville 17,000 fr, par an.

Ecole primaire supérieure de Filles

Rue Saint-Thibaut, 10

La durée des études à cet établissement est de trois ans.

Conformément aux règlements, les élèves ne sont

---

(1) Ces ateliers servent non-seulement à exercer les élèves de l'établissement, mais encore une partie de ceux des Ecoles primaires élémentaires, qui viennent y chercher les notions de travail prévues par le programme de ces Ecoles.

La Ville a trouvé plus pratique d'agir ainsi, que d'annexer à chaque Ecole un atelier spécial.

admises à cette Ecole qu'après avoir obtenu le certificat d'études ou après avoir subi un examen constatant qu'elles peuvent suivre les cours.

Le programme de l'école, en dehors des matières que comporte l'enseignement primaire supérieur, comprend tous les travaux à l'aiguille prévus dans le programme général du cours supérieur, et la directrice y ajoute les compléments d'instruction qu'elle juge pratiques.

Un cours secondaire a été annexé à l'établissement et l'enseignement en est confié à des professeurs du Lycée.

Les jeunes filles qui fréquentent l'Ecole se destinent pour la plupart à l'enseignement. C'est grâce à cet établissement, fondé d'abord par l'initiative privée, qu'on a pu recruter une grande partie des jeunes maîtresses qui exercent dans les écoles communales du Havre.

136 élèves suivent le cours primaire supérieur et 19 le cours secondaire.

Le budget de l'école s'élève à la somme de 15,350 fr.

Ecole d'Apprentissage de Garçons

Rue de Tourville, 6

Ecole fondée en 1866, et transférée en 1879 dans le local actuel.

Cet établissement, dont l'installation va se compléter cette année par l'annexion d'une petite fonderie et d'un atelier de chaudronnerie, forme des apprentis serruriers, ajusteurs et forgerons, pour le fer, — et des apprentis ébénistes, tourneurs et menuisiers, pour le bois. — Il est fréquenté par 206 élèves.

Le principe appliqué est l'École dans l'atelier. — La durée des cours est de trois ans. — L'établissement ne reconnaît comme élèves que ceux qui obtiennent à leur sortie le certificat d'aptitude au travail manuel. Ils sont alors âgés de quinze à seize ans. A cet âge, on en a placé qui ont immédiatement gagné 3, 4 et même 6 fr. par jour, mais c'est l'exception : la moyenne des salaires obtenus est de 1 fr. 75 à 2 fr.

Un cours pour les Ecoles d'Arts-et-Métiers est professé à l'Ecole. Quatre élèves ont été reçus l'année dernière; trois sont déclarés admissibles cette année.

L'Ecole d'apprentissage répond à un besoin si réel qu'on a dû refuser plus de 80 élèves l'an dernier. — Aussi, la Ville va en créer une seconde plus spécialement destinée à former des apprentis pour l'industrie du bâtiment : plombiers, charpentiers, maçons, etc.

Le budget de l'Ecole s'élève à 31,350 fr.

Ecole d'Apprentissage de Filles

Rue du Lycée, 108

Cet établissement est destiné à former des couturières, lingères et repasseuses. Le principe qui y est appliqué est le même que celui de l'Ecole d'apprentissage de garçons : l'école dans l'atelier.

Au cours de travail manuel, on a ajouté un cours

de comptabilité, qui donne d'excellents résultats, ainsi que des cours de langue anglaise, de musique et de dessin d'imitation. Enfin, on doit créer prochainement un cours d'économie domestique et de cuisine.

La durée des études est de trois ans.

L'Ecole, malgré sa création récente, est déjà fort appréciée, et est devenue presque insuffisante.

Un assez grand nombre d'élèves ont pu, à leur sortie de l'établissement, obtenir le brevet de capacité, et toutes ou presque toutes ont reçu le certificat d'aptitude au travail manuel.

Deux cents élèves suivent les cours de l'Ecole d'apprentissage de Filles, qui est inscrite au budget de la Ville pour une somme de 22,230 fr.

Ecoles Primaires communales de Garçons

	NOMBRE	
	de Classes	d'élèves présents (Mars 1885)
Rue Augustin-Normand, 52.	10	469
» de Berry, 2............	10	550
» Clovis, 14-16..........	11	650
» Dumé-d'Aplemont, 1...	11	548
» des Etoupières, 5......	8	456
» Frédéric-Bellanger, 36.	8	396
» Lavoisier, 2..........	8	483
» de Phalsbourg, 24.....	8	404
» Saint-Thibault (enclave des Pénitents).......	4	202
» de Fleurus (sera ouverte en Octobre).		
	78	4.158

ÉCOLES LAÏQUES

Ecoles Primaires communales de Filles

		de Classes	d'élèves présentes (Mars 1885)
ÉCOLES LAÏQUES	Rue de la Corderie, 2	9	372
	» Demidoff, 67-69	6	303
	» des Gobelins, 6	5	287
	» Lemaistre, 4	8	350
	» de la Mailleraye, 3	8	357
	» de Normandie, 140	8	342
	» Percanville, 53	7	332
	» de Zurich, 33	10	408
	» G.-Brindeau (ouvert. en Oct.)		
Ecoles congréganistes	Rue de l'Alma, 19	7	405
	» de l'Eglise, 33 bis.	7	415
		75	3.571

Ecoles Maternelles

	Nombre d'élèves présentes (Mars 1885)
Ecole laïque rue de la Corderie, 2	486
» impasse Fénelon	170
» rue des Gobelins, 4	289
» » Lemaistre, 4	280
» » de la Mailleraye, 3	488
» » Massillon, 47	477
» » de Normandie, 140	631
» » Saint-Thibault, 18	168
» » G.-Brindeau (ouvert. en Oct.)	
Ecole congréganiste rue de l'Alma, 19	448
» » de l'Eglise, 33 bis	442
» » Percanville, 51	466
	4.340

Population des Ecoles Communales de la ville du Havre au 1ᵉʳ Mars 1885

1	Ecole primaire supérieure de Garçons	140
1	Ecole primaire supérieure de Filles.......................	155
1	Ecole d'apprentissage de Garçons........................	206
1	Ecole d'apprentissage de Filles.	200
10	Ecoles primaires de Garçons...	4.158
11	» de Filles......	3.571
12	Ecoles Maternelles.............	4.340
37	Total........	12.770

Budget de l'Instruction Publique au Havre en 1885

		francs
Dépenses d'administration	Bureau Municipal de l'Instruction Publique.....................	5 200

| Enseignement artistique | Frais du Conservatoire Municipal de Musique. 18.600
 Ecole Municipale des Beaux-Arts.......... 12.600
 Allocations aux Sociétés musicales 2.400
 Bourses à l'Ecole Nationale des Beaux-Arts .. 2.400 | 36.000 |
| Bibliothèque, Musées et Dépenses diverᵉˢ | Dépenses de la Bibliothèque, du Musée de Peinture et du Muséum d'Histoire Naturelle... 31.620
 Dépenses diverses...... 6.900 | 38.520 |

A reporter............................ 79.720

francs

		francs	francs
Report			79.720
Enseignement supérieur et secondaire	Bourses aux Ecoles supérieures de l'Etat, au Lycée du Havre, et à l'École Supérieure de Commerce	31.725	37.725
	Cours Publics.	6.000	
Enseignement primaire supér^r	Ecole de garçons.	17.500	32.850
	Ecole de filles	15.350	
Enseignement spécial	Ecole d'apprentissage de garçons	31.350	53.580
	Ecole d'apprentissage de filles	22.230	

TRAITEMENTS

		francs	francs
Enseignement primaire	Traitements des Directeurs et Directrices des Ecoles primaires communales et des Ecoles maternelles.	256.990	
	Traitements des concierges desdites Ecoles . . .	14.950	
	Traitements des femmes de service des écoles maternelles	8.630	
	Enseignement de la gymnastique, du chant, du dessin artistique et de l'anglais.	14.050	
	Cours d'Adultes	7.200	

MATÉRIEL

		francs	francs
	Prix et récompenses aux diverses Ecoles.	15.000	
	Eclairage des locaux	12.600	
A reporter		329.420	203.875

francs

Report		203.875

Enseignement primaire		
Report	329.420	
Chauffage des locaux....	16.000	
Loyers divers,..........	7.150	
Indemnités de logement aux maîtres et maîtresses adjoints non logés dans les établissements scolaires	32.000	469.570
Entretien des Bâtiments.	20.000	
Entretien et achat de mobilier.................	17.000	
Sociétés de Gymnastique	1.500	
Batailllon scolaire.......	3.500	
Caisse des Ecoles	28.000	
Dépenses diverses	15.000	

TOTAL	673.445

Bataillon Scolaire

Créé en 1882

L'instructeur-chef du Bataillon Scolaire est un capitaine de l'armée territoriale, et il a pour auxiliaires des officiers et sous-officiers de la réserve et de l'armée territoriale.

En 1883-84, l'effectif du bataillon se décomposait comme suit :

Elèves gradés ou simples soldats........	540
Tambours	14
Fifres	14
Musique.............................	40
TOTAL..........	608

Les enfants qui font partie du bataillon scolaire acquièrent une instruction militaire aussi complète que le comporte leur âge : ils apprennent, en effet, l'école du soldat, de section, de peloton, de compagnie et l'école de bataillon à rangs serrés.

En outre, les gradés suivent des Cours spéciaux, dans lesquels on leur enseigne quelques notions du service en campagne. Ils suivent également des Cours théoriques et pratiques de tir qui donnent des résultats très satisfaisants, grâce au concours dévoué de la Société Havraise de Tir.

Un crédit de 3,500 fr. est inscrit au Budget de la Ville pour les dépenses annuelles du bataillon.

Cercle-Bibliothèque des Instituteurs

1, rue Dicquemare, à l'Ecole Primaire Supérieure de Garçons

Ce Cercle-Bibliothèque a été fondé, en 1872, par l'Administration Municipale, et avec l'aide de quelques amis de l'Instruction populaire.

Primitivement installé dans l'Ecole Industrielle, rue de la Mailleraye, il a été transféré, en 1883, dans le local de l'Ecole Primaire Supérieure, rue Dicquemare, 1.

La Bibliothèque renferme environ 600 volumes, dont 200 traitent de Pédagogie et 400 d'Instruction générale.

Bibliothèques Populaires et Scolaires

*Bibliothèque de Circulation, fondée par la Société
d'Instruction Mutuelle
Hôtel-de-Ville, aile Ouest, au rez-de-chaussée*

3,500 volumes. — Abonnement : 1 fr. par an.

Ouverte tous les jeudis, de 9 à 10 heures du soir, et, en outre, du 1er Octobre au 31 Mai, le dimanche, de 11 heures à midi.

*Bibliothèque Populaire de l'arrondissement du Havre,
Hôtel-de-Ville, au rez-de-
chaussée (entrée du côté de l'Orangerie)*

Cette Bibliothèque, fondée par des souscriptions particulières, a été autorisée par un arrêté préfectoral du 29 Décembre 1866.

Les livres sont prêtés gratuitement.

Ouverte au public tous les dimanches, de 9 à 11 heures du matin.

Bibliothèque Positiviste Populaire, 44, rue des Pincettes

Cette Bibliothèque, composée exclusivement des ouvrages réunis par Auguste Comte, sous le titre de *Bibliothèque du Prolétaire au XIXe Siècle,* et des publications positivistes, est ouverte aux adhérents et au public le dimanche matin, de 10 heures 1/2 à midi.

Des Cours et Conférences sur des objets scientifiques, philosophiques, etc., y ont lieu à des dates déterminées.

Bibliothèques de la Société Saint-Vincent-de-Paul

Il existe une Bibliothèque dans chaque paroisse, et les livres sont prêtés gratuitement.

La distribution a lieu tous les dimanches :

A Notre-Dame, 35, rue des Viviers, de 8 heures à 9 heures 1/2 du matin ;

A Saint-Michel, 12, rue de la Cité, de 8 heures à 9 heures 1/2 du matin ;

A Saint-Vincent-de-Paul, 19, place Saint-Vincent-de-Paul, de 8 heures à 9 heures 1/2 du matin ;

A Saint-François, 12, quai Lamblardie, de 8 heures 1/2 à 9 heures 3/4 du matin ;

A Sainte-Marie, 19, rue Kléber, de 8 heures 1/2 à 9 heures 3/4 du matin, et les jeudis, de 10 à 11 heures du matin.

Bibliothèque Protestante, au Temple, rue du Lycée

Cette Bibliothèqne se compose d'environ 1,200 volumes français et de 500 volumes allemands :

Traités et commentaires. — Histoire de l'Eglise. — Biographies. — Missions. — Sermons et Méditations. — Ouvrages de doctrine et d'édification. — Lettres. — Ouvrages de littérature et d'éducation.

Bibliothèques Populaires

Canton Nord. — Ecole communale, 40, rue Frédéric-Bellanger :

Ouverte tous les dimanches, de 9 heures 1/2 à

11 heures du matin, et le mercredi soir, de 7 heures 1/2 à 9 heures.

Canton Sud.— Ecole communale, 11, rue des Etoupières :

Ouverte tous les dimanches, de 9 heures 1/2 à 11 heures du matin.

Canton Est. — Ecole communale, 16, rue Clovis (fondée par la Ligue de l'Enseignement) :

Ouverte tous les dimanches, de 10 heures à midi, et les mercredis, de 7 heures 1/2 à 9 heures du soir.

Bibliothèques Pédagogiques et Scolaires

Ecole primaire supérieure de garçons, 1, rue Dicquemare. (Voir Cercle-Bibliothèque des Instituteurs.)

Ecole communale rue des Etoupières, 11 :

Ouverte les jeudis, de 11 heures à 2 heures.

Ecole communale rue Dumé-d'Aplemont :

Ouverte le dimanche et le jeudi, de 9 h. à midi.

Ecole communale rue de Phalsbourg :

Ouverte le jeudi, à 11 heures.

Ecole communale rue Augustin-Normand, 84 :

Ouverte le jeudi, à 10 heures du matin.

Il existe également une Bibliothèque scolaire à l'Ecole communale rue Lavoisier, et à l'Ecole de la Caserne des Douanes.

Société Havraise d'Etudes diverses

A l'Hôtel-de-Ville

Fondée en 1833, et réorganisée sur de nouvelles bases en 1884.

La Société Havraise d'Etudes diverses a pour but de contribuer au progrès de la morale, de la science, de la littérature, du commerce, de l'industrie et des beaux-arts, soit par des réunions, où les membres se communiquent réciproquement leurs idées et leurs œuvres, soit par des publications, soit par des cours publics, soit enfin par tous autres moyens.

Elle s'est divisée en quatre comités : lettres, sciences, utilité publique, commerce.

Cette société est composée de 80 membres résidants et de 142 membres correspondants.

Les membres résidants paient une cotisation de 24 fr. par an.

Société de Géographie commerciale

Au Palais de la Bourse

Fondée en Mai 1884.

Cette Société a principalement pour but de concourir aux progrès de la Géographie au double point de vue *commercial* et *industriel*. Elle n'exclut pas cependant les questions de Géographie générale.

Elle établit des relations avec les sociétés géographiques de France et de l'étranger, les sociétés savantes, les voyageurs, et, en général, toutes les personnes dont les travaux peuvent contribuer à la vulgarisation et au développement des études géographiques.

La Société de Géographie délivre des médailles ou des prix aux élèves des établissements d'instruction publique qui se sont distingués dans l'étude de la Géographie.

Elle organise des conférences, concours, etc.

Le nombre de ses membres s'élève aujourd'hui à 460. La cotisation annuelle est de 12 fr.

Groupe Havrais de la Ligue de l'Enseignement

Fondé en 1868.

Cette Société comprend environ 200 membres appartenant aux professions les plus diverses, et dispose d'un budget d'environ 2,000 fr. formé de cotisations annuelles.

Elle est administrée par un Comité de trente membres.

D'après ses statuts, art. 2 et 4, « elle se propose de
» propager et d'améliorer au Havre et dans l'arrondis-
» sement du Havre l'instruction et l'éducation par tous
» les moyens qui sont en son pouvoir, tels que fonda-
» tion de Bibliothèques populaires, Cercles d'ouvriers,
» Lectures, Conférences et Cours publics, ou tout autre
» mode d'activité que suggérera l'expérience. Elle n'est
» l'œuvre d'aucun parti, et s'interdit de la manière la
» plus formelle toute ingérence dans les questions poli-
» tiques ou religieuses. »

Société des Amis des Arts

La Société des Amis des Arts a existé au Havre à diverses reprises depuis 1852 : elle a organisé des expositions en 1852, 1858, 1868, 1870, 1880 et 1882. Une exposition eut lieu en 1875, mais par les soins de la Société d'Etudes diverses, à laquelle s'étaient joints les anciens membres de la Société des Amis des Arts.

La Société a été reconstituée en 1880. Son but est (art. 1er des statuts) « d'encourager les arts, d'en propa- » ger le goût et la culture. »

Ses moyens sont (art. 2) :

« 1º La réunion d'un capital par souscription ;

» 2º La publicité, etc. ;

» 3º Les expositions publiques ;

» 4º Les achats d'œuvres d'art ;

» 5º Le tirage au sort, entre les membres fondateurs » ou sociétaires et souscripteurs, des objets d'art acquis » par la Société. »

La Société compte aujourd'hui environ 325 sociétaires payant une cotisation annuelle de 20 fr., et 60 membres souscripteurs payant 10 fr.

Les cotisations sont capitalisées, ainsi que la subvention annuelle du Conseil Général, de manière à pouvoir organiser une exposition tous les deux ans.

En 1882, date de la dernière exposition, les recettes diverses opérées par la Société : cotisations, entrées à l'exposition, billets de loterie, etc., se sont élevées à 29,305 fr. 25.

Les dépenses pour l'exposition : installation, trans-

port, correspondant à Paris, droit des pauvres, etc., ont
atteint .... F. 13.650 25

Achat de tableaux, dessins, etc..   »   14.125   »

TOTAL .... F. 27.775 25

Il est donc resté comme fonds de réserve pour l'exposition future 1,530 fr., qui, joints aux cotisations pendant trois ans, à la subvention départementale pendant
le même laps de temps, et à celle de la Ville, en raison
de l'exposition de cette année, forment un capital de
30,000 fr. environ, à consacrer à l'exposition de 1885.

Société des Beaux-Arts du Havre

8, rue Caligny

Cette Société, fondée en 1881, a pour but de développer, stimuler et encourager l'étude des Beaux-Arts.

Elle est composée de membres d'honneur, de membres honoraires et de membres actifs. Les membres
actifs, au nombre d'environ quatre-vingts, sont recrutés
parmi les artistes du Havre et de la région (peintres,
architectes, sculpteurs, dessinateurs, graveurs, litho-
graphes, musiciens, poètes et artistes dramatiques).

La Société organise des expositions, concours, fêtes
et auditions.

La cotisation, pour les membres actifs, est de 10 fr.
par an.

Société Havraise de Tir

La Société Havraise de Tir a été fondée en 1871, et compte près de 150 sociétaires. Essentiellement libérale, elle ouvre son stand à tous les amateurs. Elle a déjà donné près de 100 concours, poules, etc.

Son stand lui a coûté environ 120,000 fr.

Elle possède 16 cibles, de 15 à 300 mètres.

Les sociétaires paient une cotisation de 20 fr. par an.

La Société de Tir, comprenant combien il est important, au point de vue de l'avenir militaire de notre pays, de donner *aux enfants* des notions de tir, a résolu d'une façon pratique le problème de l'enseignement du tir pour la jeunesse.

Chacune des écoles communales du Havre est pourvue d'une installation complète de tir : cible, pare-balles, armes, cartouches, et tout cela sans frais pour la Municipalité, grâce à des comités locaux qui surveillent le tir et pourvoient aux dépenses.

En outre, la Société de Tir donne en moyenne chaque année deux concours entièrement gratuits aux jeunes gens de 12 à 18 ans, et leur distribue chaque fois une quinzaine de prix : médailles, argenterie, livres patriotiques, armes, etc.

Aux grands concours annuels, des prix importants offerts par la Ville, par des amis du tir et par la Société, sont réservés aux écoles et aux sociétés de gymnastique.

Enfin, depuis l'organisation du Bataillon scolaire,

les gradés sont appelés aux cibles et obtiennent de beaux résultats.

Grâce aux fusils scolaires de tir, on peut partout et à peu de frais apprendre aux jeunes élèves à se servir de l'arme nationale, et, si le pays comprend tout le parti qu'il peut en tirer, dans peu d'années tout conscrit arrivant au régiment saura viser et tirer.

Société Géologique de Normandie

Au Muséum

Fondée en 1871, par M. G. Lennier, conservateur du Muséum du Havre, la Société Géologique de Normandie a acquis un rapide développement. Son activité s'est manifestée sous des formes diverses : Cours publics, excursions, publication de Mémoires et de Bulletins.

En 1877, à l'occasion de la réunion, au Havre, de l'Association française pour l'avancement des sciences, elle avait organisé, dans l'ancien Palais-de-Justice, devenu le Muséun d'Histoire naturelle, une Exposition Géologique et Paléontologique normande, qui, de l'aveu de tous, fut le grand événement du Congrès.

Aujourd'hui, la Société compte plus de 100 membres. Elle est en relations avec les premières Sociétés savantes d'Angleterre, d'Amérique et d'Australie, et ses publications, toujours d'un sérieux intérêt, sont partout accueillies avec succès.

La cotisation annuelle des Sociétaires est de 12 fr

Société des Sciences et Arts Agricoles et Horticoles

A l'Hôtel-de-Ville

Cette Société, qui compte environ 105 membres, s'occupe spécialement de pomologie et d'arboriculture, de floriculture, de culture maraîchère, d'agriculture et d'élevage.

Son but principal est de vulgariser les perfectionnements que la science fournit aux travaux de l'agriculture et de l'horticulture.

Elle organise, chaque année, une Exposition générale des produits qui concernent les diverses branches indiquées ci-dessus.

Cotisation : 12 fr. par an.

Cercle Pratique d'Horticulture et de Botanique

A l'Hôtel-de-Ville

Ce Cercle, fondé en 1883, compte plus de 100 membres résidants. Il s'occupe de tout ce qui a trait à l'horticulture et à la botanique.

Il donne des récompenses aux meilleures cultures qu'il est appelé à examiner.

Tous les ans, il organise une Foire florale.

Son jardin botanique, installé sur un terrain communal contigü au square Saint-Roch, contient environ

2,500 plantes. Au même emplacement, il existe un jardin-école d'arboriculture, dans lequel des cours très intéressants sont professés aux élèves des Ecoles communales.

Le Cercle d'horticulture a également contribué à la création d'un jardin-potager pour les troupes de la garnison.

Cotisation annuelle : 12 fr.

Sociétés Musicales

Société Sainte-Cécile, société symphonique et chorale, fondée en 1858.

Lyre Havraise, rue des Pénitents, 65, société chorale, fondée en 1864.

Fanfare Havraise, rue du Lycée, 48, société instrumentale, fondée en 1867.

Fanfare Gravillaise, rue Hélène, société instrumentale, fondée en 1869.

La Cécilienne, rue Naude, 5, société chorale, fondée en 1873.

Harmonie du Patronage Saint-Thomas d'Aquin, rue des Ormeaux, 1 *bis,* société instrumentale, fondée en 1874.

Cercle musical Havrais, école de l'Eure, rue Lavoisier, société instrumentale, fondée en 1879.

Fanfare maritime du Havre, quai Lamblardie, 32, société instrumentale, fondée en 1883.

Fanfare *l'Amicale du Havre,* cité Courtois, société instrumentale, fondée en 1884.

Société Philharmonique, place de l'Hôtel-de-Ville, 19, fondée en 1885.

Harmonie des Amis des Frères, boulevard François-Ier, 36, fondée en 1885.

* * *

Sociétés de Gymnastique et de Natation

Société Havraise de Gymnastique, 72, rue du Lycée, fondée en 1871.

Union Havraise de Gymnastique, 37, rue Séry, fondée en 1876.

Société de Gymnastique du Cercle Franklin, cours de la République, fondée en 1877.

Les Enfants du Havre, 37, rue Séry, fondée en 1881.

La Jeune France, 60, rue du Champ-de-Foire, fondée en 1882.

Les principaux cours professés dans les locaux des Sociétés de Gymnastique sont les suivants : Gymnastique, maniement d'armes, escrime, tir, canne, boxe, bâton, etc.

Société des Nageurs de la Ville et de l'arrondissement du Havre, fondée en 1872.

Cette Société a pour but :

1° De propager la natation ;

2° De rechercher les meilleurs moyens pour sauver un homme en danger de se noyer ;

3° De créer et de perfectionner les engins de sauvetage et de natation ;

4° D'apprendre et de propager les premiers soins et secours à donner aux noyés et asphyxiés ;

5° D'apprendre et d'encourager l'exercice de la rame et de la manœuvre du canot.

Cercle Sténographique

A l'Hôtel-de-Ville

Le Cercle Sténographique du Havre a été fondé en Octobre 1883. Son but est de vulgariser l'étude de la Sténographie, pour rendre plus facile l'acquisition de l'instruction.

Le Cercle fait des cours publics et gratuits ; depuis sa fondation, une dizaine de cours ont eu lieu et ont été suivis par près de 300 personnes, y compris une quarantaine de dames.

Les membres actifs et correspondants sont recrutés parmi les personnes qui, en reconnaissance des avantages que leur procure chaque jour la sténographie, sont désireuses de la voir se propager dans toutes les classes de la société.

Le Cercle compte actuellement 102 membres actifs, correspondants et honoraires.

Il est administré par un bureau composé de dix membres. La cotisation annuelle des membres actifs est de 2 fr.

Société d'Enseignement Scientifique par l'Aspect

Cette Société, qui compte quatre années d'existence, s'occupe spécialement de la propagation de l'Enseignement scientifique par l'Aspect, et organise des Conférences avec projections à la lumière oxyhydrique.

De concert avec l'autorité académique et l'autorité locale, elle a institué deux sortes de Conférences gratuites : 1° des Conférences scolaires hebdomadaires s'adressant aux élèves, garçons et filles du Cours supérieur des Ecoles du Havre et de la banlieue, et 2° des Conférences extraordinaires mensuelles, réservées aux familles des souscripteurs de l'œuvre.

Les Conférences scolaires sont faites par les instituteurs sur des sujets extraits du programme scolaire.

Les Conférences extraordinaires sont faites par des hommes instruits et distingués, qui mettent avec plaisir leur temps et leur savoir au service de l'instruction populaire. Elles ont un caractère plus élevé que les premières et traitent de sujets scientifiques, de découvertes modernes, de voyages, etc.

Depuis sa fondation, la Société a organisé 128 Conférences scolaires et 36 Conférences pour les membres souscripteurs et leurs familles, soit en tout 164 séances ayant compté environ 129,600 auditeurs. En outre, vingt Conférences ont été données aux adultes.

Le Conseil général, reconnaissant les nombreux services qu'elle rend, lui accorde une subvention annuelle de 500 fr. — La Société compte actuellement 600 membres environ. Ses ressources se composent de cotisations et de dons ou souscriptions volontaires.

Aquarium

Square Saint-Roch, boulevard de Strasbourg

L'Aquarium a été construit en 1869 sous la direction et d'après les plans de M. G. Lennier, conservateur du Muséum. Il contient à l'intérieur de grands bacs renfermant des poissons, mollusques, crustacés, algues de mer et d'eau douce.

Des poissons et batraciens exotiques très rares sont également exposés dans des bacs mobiles.

L'Aquarium renferme, en outre, des bassins de pisciculture, des grottes aux crocodiles et un grand nombre d'oiseaux aquatiques.

Par suite d'une convention intervenue entre l'administration de l'Aquarium et M. le Ministre de l'Instruction publique, un laboratoire de physiologie et zoologie expérimentale (annexe du Collége de France, section des Hautes-Etudes) a été installé, en 1882, dans un bâtiment construit au-dessus de l'Aquarium. — La Ville fournit gratuitement le gaz nécessaire audit laboratoire.

En présence des avantages que présente l'Aquarium, au point de vue de l'Instruction publique, le Conseil Municipal vient d'accorder une subvention annuelle de 4,000 fr. à la nouvelle Société qui s'est rendue acquéreur de l'établissement.

En échange de cette subvention, les élèves des Ecoles communales seront admis gratuitement à l'Aquarium, et des Cours pratiques d'Histoire naturelle pourront ainsi y être organisés.

III. — HYGIÈNE ET ASSISTANCE PUBLIQUES

Bureau Municipal d'Hygiène

A l'Hôtel-de-Ville

Le Bureau Municipal d'Hygiène, créé par arrêté municipal, en date du 18 Mars 1879, centralise et met en ordre tous les documents relatifs aux naissances, aux mariages et aux décès, intéressants au point de vue de la santé publique et de la démographie, et en déduit les statistiques hebdomadaires, mensuelles et annuelles. Il recueille tous les renseignements fournis par les médecins de la Ville sur les cas de maladie revêtant un caractère infectieux ou contagieux et constituant une menace pour la santé publique.

Ainsi, il ne peut se produire au Havre un seul cas de maladie épidémique, sans que la Municipalité en soit aussitôt prévenue et que tous les moyens soient immédiatement mis en action pour en arrêter la propagation.

Un service de vaccinations publiques et gratuites fonctionne au Bureau d'Hygiène pendant toute l'année, le jeudi de chaque semaine.

La salubrité des voies publiques, impasses, cours, allées et maisons, est assurée par six inspecteurs assermentés, qui parcourent la Ville du matin au soir et viennent rendre compte, tous les jours à cinq heures, du travail accompli et des résultats obtenus.

Indépendamment de ces diverses branches du service, le Bureau d'Hygiène centralise tout ce qui a trait aux logements insalubres (loi du 13 Avril 1850), et est chargé, en outre, de l'application de la loi du 23 Décembre 1874, sur la protection des enfants du premier âge.

La surveillance des denrées alimentaires entre également dans les attributions du Bureau d'Hygiène.

L'Administration du Bureau d'Hygiène se compose d'un médecin-directeur, en même temps chef du service sanitaire ; d'un chef de bureau secrétaire, de deux employés, de six médecins et de six inspecteurs de salubrité. — Le Bureau d'Hygiène est, en outre, placé sous la surveillance d'une Commission consultative présidée par le Maire, et composée de huit membres dont les fonctions sont gratuites. Quatre membres de cette Commission sont élus par le corps médical et pris dans son sein, et les quatre autres par le Conseil Municipal, et pris soit dans ledit Conseil, soit en dehors.

Le budget annuel du Bureau d'Hygiène est établi comme suit :

Un directeur............................ F.		5.000
Un chef de bureau..................... »		3.000
Un commis .... »		1.600
Un surnuméraire........................ »		750
Un médecin pour le canton Est........ »		1.200
Cinq médecins à 800 fr................ »		4.000
Menus frais, transports, etc.......... »		300
A reporter........................... F.		15.850

Report .... F.		15.850
Achat de vaccin animal................. »		700
Impression de brochures populaires.... »		1.000
Six inspecteurs de salubrité............... »		9.900
Indemnité d'habillement aux mêmes... »		960
		28.410

Le Bureau d'Hygiène sera prochainement complété par l'adjonction d'un laboratoire municipal de chimie, destiné à analyser les boissons et les denrées alimentaires livrées à la consommation.

Le Conseil est en ce moment saisi du projet relatif à cette utile création.

Hospice

Rue Saint-Thibault

L'Hospice général de la charité Saint-Jean-Baptiste a été constitué par lettres-patentes de Louis XIV, en date du 16 Mai 1669 ; mais sa fondation réelle remonte à une époque plus reculée, d'après les traces qu'on retrouve d'un Hôtel-Dieu dans les anciens ouvrages sur le Havre.

C'est vers 1554, et dans l'ancien couvent des Capucins, au lieu nommé Les Barres, que fut créé le premier Hôpital. Il fut transféré, vers 1592, à l'endroit où se trouve actuellement l'Arsenal.

Ce dernier établissement fut vendu à l'Etat le 30 Mai 1669, pour être démoli et remplacé par les bâtiments de la Marine.

Depuis une douzaine d'années, l'Hospice a été successivement transformé, et d'importantes améliorations ont été apportées dans ses divers services.

L'Hospice reçoit les incurables des deux sexes et soigne les malades civils, hommes, femmes et enfants atteints de maladies aiguës et chroniques ou blessés accidentellement, les malades militaires et marins, les enfants assistés, les détenus malades et les aliénés. Les pensionnaires sont traités aujourd'hui au nouvel Hôpital. — Actuellement, il n'existe pas de Maternité à l'Hospice, la Ville ayant un établissement spécial pour ce service ; mais il a été récemment décidé que la direction de la Maternité, qui doit être transférée sur un nouvel emplacement plus vaste, sera remise aux mains de l'Administration hospitalière.

L'Hospice est administré par une Commission composée du Maire et de six membres renouvelables : deux membres sont élus par le Conseil Municipal, et les quatre autres sont nommés par le Préfet et renouvelables par quart chaque année.

Depuis 1871, un directeur, ayant sous ses ordres un économe, a la surveillance générale des établissements ; un receveur spécial gère les revenus.

Deux chirurgiens, cinq médecins et un oculiste sont chargés des soins à donner aux malades ; six élèves internes et quarante sœurs de la Congrégation de Saint-Thomas-de-Villeneuve les assistent. Il y a en plus au nouvel Hôpital deux chirurgiens, un médecin, quatre internes, cinq surveillantes et neuf sous-surveillantes laïques. Deux médecins et deux chirurgiens adjoints suppléent les titulaires des deux établissements, en cas d'absence ou d'empêchement.

Deux aumôniers donnent aux malades les secours de la religion.

Enfin, des infirmiers et infirmières sont attachés à l'Hospice en nombre suffisant.

Pour l'exercice 1884, les recettes se sont élevées à une somme d'environ 788,000 fr., se décomposant de la façon suivante :

Subvention de la Ville............ F.	425.000	»
Loyers de biens... .... »	40.364	50
Rentes sur l'Etat et sur particuliers.... »	39.819	10
Intérêts divers.................... »	31.057	76
Journées de pensionnaires et de malades civils ou militaires ; inhumations.... »	95.642	45
Remboursement de dépenses des enfants assistés.................... »	64.003	11
Divers........................ »	92.715	67
	788.602	59

Ces recettes ont été absorbées par les dépenses se décomposant comme suit :

Frais généraux d'administration....... F.	62.053	23
Entretien des bâtiments............ »	21.843	27
» des propriétés............ »	12.143	80
» du mobilier............ »	12.169	88
» de la literie............ »	4.324	39
Linge et habillement............ »	27.667	96
Pain .... »	54.774	47
Viande .... »	123.174	16
Boissons.................... »	62.249	76
Comestibles divers............ »	76.323	69
A reporter.................... F.	456.724	61

Report .... F.	456.724	61
Pharmacie....................... .... »	47.883	10
Eclairage et chauffage................ »	28.796	78
Blanchissage........................ »	11.948	81
Culte........................... »	9.051	46
Entretien de la ferme et des jardins.... »	10.046	25
Layettes fournies aux enfants assistés.. »	32.891	55
Divers........................... »	114.584	90
Total................ F.	711.927	46
Excédant de recettes en chiffres ronds. F.	77.000	»

L'Etablissement a secouru, en 1884, 7,058 individus,
savoir :

  424 militaires et marins ;
3.648 malades hommes ;
1.252 »   femmes ;
 222 »   garçons ;
 178 »   filles ;
  36 aliénés hommes ;
  31 »   femmes ;
 449 vieillards et incurables des deux sexes ;
 380 enfants de familles indigentes ;
 438 »   assistés,

qui ont passé à l'Hospice 378,449 journées, soit une
population de 1,034 personnes par journée, non compris
le personnel servant.

La durée moyenne du séjour a été de 54 jours par
personne.

676 décès ont eu lieu pendant l'année.

La mortalité a frappé plus spécialement sur les

vieillards hommes et femmes, dans la proportion environ de 19 0/0.

La moyenne générale de la mortatité a été de 9.57 0/0.

Nouvel Hôpital

Rue de Tourneville

Le nouvel Hôpital, inauguré le 14 Juin dernier, est édifié sur le versant Sud de la côte d'Ingouville, dans une propriété de 65,000 mètres d'étendue, ornée d'une abondante végétation.

Cet Hôpital a été construit spécialement pour les blessés, malades et contagieux, hommes et femmes. C'est un Hôpital de traitement pour la construction duquel on s'est surtout préoccupé des meilleurs moyens d'assurer aux malades une prompte guérison.

Les pavillons qui le composent sont bâtis en amphithéâtre ; ils sont au nombre de 17, orientés de l'Est à l'Ouest, avec façade au Sud. 6 pavillons sont affectés à l'Administration et aux services généraux, et 11 aux malades.

Le nombre total des lits de malades est de 312.

Le cube d'air minimum dans les salles de malades, tous les lits étant occupés, est de 48 mètres.

Toutes les constructions ont été établies d'après les données les plus récentes de la science moderne. — En outre, on a substitué l'éclairage électrique à l'éclairage au gaz.

La dépense totale de l'établissement a été d'environ :

Achat de la propriété	F.	475.000
Constructions	»	1.200.000
Mobilier	»	200.000
TOTAL	F.	1.875.000

Cet établissement a été ouvert aux malades le 27 Juin dernier. — 103 malades y sont actuellement traités. — Le personnel de l'Hôpital est laïque.

Hospice Desaint-Jean

Rue de Tourneville, 97

Par testament en date du 30 Mars 1858, M. Jean-Ferdinand Desaint-Jean, ancien négociant et propriétaire au Havre, décédé le 28 Janvier 1865, a institué la ville du Havre sa légataire universelle, à charge, en dehors de l'acquittement d'un legs de 300,000 fr. à la ville de Caen et de divers legs particuliers, de fonder et entretenir à perpétuité chez elle un hospice protestant.

L'établissement, qui occupe l'emplacement d'une ancienne maison de campagne entre les rues de Tourneville et du Général-Rouelles, a été ouvert en 1871.

Cet hospice, qui peut disposer de seize lits, reçoit les vieillards septuagénaires des deux sexes et les malades, tous du culte protestant réformé.

Il est administré par un Comité spécial composé de trois membres du Consistoire de l'Eglise réformée du Havre, et placé sous la surveillance de la Commission administrative des Hospices.

Une directrice-économe a sous ses ordres une infirmière et deux servantes.

Deux médecins-chirurgiens sont chargés du service de santé. Le service de la caisse est fait par le receveur des Hospices.

Le budget annuel de l'hospice Desaint-Jean s'élève en chiffres ronds à 28,000 fr.

Maternité

Passage des Ecoles, 6, rue de l'Alma

La Maternité, fondée en 1852, par l'initiative privée, est devenue depuis longtemps un établissement municipal. Elle reçoit, pour faire leurs couches, les femmes et les filles-mères indigentes.

Cet établissement est dirigé par une sage-femme de 1re classe y résidant, et placé sous la surveillance d'un médecin.

En 1884, 337 femmes y ont été admises pour faire leur couches ; sur ce nombre 95 étaient mariées et 242 célibataires.

Il est né à la Maternité 340 enfants (3 accouchements ayant été doubles), savoir :

Enfants vivants	313
» morts-nés	27
Garçons	192
Filles	148

Il y a eu à la Maternité, dans le cours de la même

année, trois décès : deux femmes (soit 1/168) et un enfant.

Le nombre des journées de femmes a été de 3,585; la moyenne de séjour a donc été de 10 jours 1/2.

Les dépenses se sont élevées, pendant l'exercice, à environ 21,450 fr. se décomposant comme suit :

Alimentation, environ............................	F.	10.000
Entretien du mobilier, linge, lavage et divers	»	2.300
Loyer et assurances............................	»	2.100
Traitements et service.........................	»	4.350
Médicaments	»	1.300
Frais de bureau, chauffage et éclairage.....	»	1.100
Dépenses diverses............................	»	300

Il a été pourvu à ces dépenses à l'aide d'une subvention de la Ville.

L'insuffisance du local où est installée la Maternité ayant été signalée à différentes reprises par le Médecin chef du service, le Conseil municipal a été saisi de la question : il a été décidé d'abord en principe que la gestion de la Maternité serait confiée à la Commission administrative de l'Hospice. A la suite de cette décision, la Commission des Hospices a voté l'acquisition d'un immeuble pour le transfèrement de la Maternité; la dépense totale (acquisition et travaux de construction ou d'appropriation) s'élèvera à 117,000 fr.

Bureau de Bienfaisance

ADMINISTRATION CENTRALE : *2, rue de la Mailleraye*

BUREAUX DISTRIBUTEURS : *rue de la Mailleraye, 1;
rue des Pénitents, 30 ; rue Kléber, 18, et rue de
l'Eglise, 88*

La fondation du Bureau de Bienfaisance remonte à 1648, époque à laquelle il était désigné sous le nom de *Maison de la Miséricorde;* mais il a été créé sous son titre actuel par arrêté du Sous-Préfet de l'arrondissement du Havre, en date du 16 Fructitor an X (3 Septembre 1802), approuvé par arrêté préfectoral du 22 Fructidor de la même année.

Le Bureau de Bienfaisance a pour mission de secourir les indigents à domicile.

Il est administré par une Commission composée, d'après les mêmes bases que la Commission des Hospices, du Maire et de six membres renouvelables.

Un Directeur des services, nommé par le Préfet, est chargé de l'exécution des décisions de la Commission, laquelle est assistée, en outre, dans son œuvre, par un certain nombre de dames de charité.

Dix médecins, un chirurgien-oculiste, un pharmacien et un certain nombre de sages-femmes, concourent, avec l'aide des sœurs chargées, en outre, du service des distributions, à assurer le service médical. Une pharmacie est établie dans chacun des bureaux de distribution.

Les secours consistent en pain, viande, vin, vêtements, argent, etc.

D'après le règlement spécial, sont admissibles aux secours du Bureau de Bienfaisance tous indigents, sans acception de religion ou de nationalité, pourvu qu'ils aient au moins une année de domicile au Havre.

Les secours sont permanents ou temporaires.

Sont aptes à recevoir les secours permanents : les aveugles, les paralytiques, les vieillards et tous infirmes hors d'état de travailler pour assurer leur existence.

Peuvent être admis dans cette catégorie : les chefs de famille, chargés d'au moins quatre enfants au-dessous de quatorze ans révolus, et les veuves ayant au moins deux enfants au-dessous de cet âge.

Sont assimilées aux veuves les femmes abandonnées de leurs maris, sans qu'il y ait d'inconduite à leur imputer.

Les orphelins au-dessous de quatorze ans peuvent aussi recevoir les secours permanents.

Des secours temporaires, dont la durée est fixée, et peut au besoin être prorogée, sont accordés, s'il y a lieu, aux familles dont un ou plusieurs membres sont blessés ou malades, aux femmes en couches ou allaitant leur enfant, et à tous indigents qui se trouvent dans des cas extraordinaires ou imprévus.

Les dépenses annuelles ordinaires du Bureau de Bienfaisance s'élèvent en chiffres ronds à 200,000 fr., se décomposant comme suit :

Secours en nature et en argent........ F.	126.000
Secours médicaux et pharmaceutiques. »	40.000
Personnel et frais d'administration.... »	34.000
F.	2 .000

Le nombre moyen des familles secourues en tout temps, pendant l'année 1884, s'est élevé à 1,736, comprenant 6,877 indigents.

La proportion des indigents, par rapport à la population totale, est de 6.49 par 100 habitants.

La subvention municipale, accordée annuellement au Bureau de Bienfaisance, est de 80,000 fr.

L'œuvre du Bureau de Bienfaisance est complétée par deux Sociétés privées : la Société Saint-Vincent-de-Paul et le Diaconat protestant, qui se sont également donné pour mission de distribuer des secours aux familles indigentes.

Dispensaire de M. le Docteur Gibert

Rue Saint-Quentin, 43

Cet établissement, fondé en 1875 par M. le Docteur Gibert, auquel revient l'idée première de la création des *dispensaires,* est un véritable institut thérapeutique, réunissant à la fois la *consultation* et le *traitement.* Il est destiné à permettre aux parents pauvres de faire soigner *gratuitement* leurs enfants, depuis leur naissance jusqu'à 14 ans.

Les consultations ont lieu à onze heures chaque jour, excepté le jeudi et le dimanche. Les prescriptions du médecin sont exécutées dans l'établissement même : médicaments, pansements, bains de toute nature, gymnastique médicale, etc., sont mis à la disposition des malades.

Pendant l'année 1884, 1,680 enfants ont été soignés au dispensaire de M. Gibert.

Il leur a été donné :

	3.930	bains médicamenteux,
environ	1.000	séances d'électricité,
	1.720	douches, froides, de vapeur, etc.,
	708	douches nasales,
	416	séances de massage,
	67	inhalations,
	29	sudations,
	3.027	pulvérisations,
environ	3.000	pansements divers.

Soit un total de 13.897 actions médicamenteuses.

En outre, 3,600 portions alimentaires ont été distribuées pendant l'hiver.

Ces 1,680 enfants ont coûté 9,030 fr., soit par enfant 5 fr. 37.

Les dépenses se subdivisent ainsi :

Eau, gaz et charbon	F.	1.480
Médicaments et appareils	»	1.650
Personnel	»	3.500
Dépenses diverses, réparations	»	2.100
Total	F.	8.430
Cuisine alimentaire	»	600
Total général	F.	9.030

Ces dépenses sont couvertes par des souscriptions particulières et le produit du dispensaire payant.

Dispensaire Dollfus

Cours de la République, 112

Cet établissement, organisé d'après les mêmes principes que celui de M. le docteur Gibert, avec la seule différence qu'il reçoit aussi des adultes, a été fondé en 1883, grâce à la générosité de Mme Auguste Dollfus, qui a fait à la Ville un don de 40,000 fr. Cette somme a pu couvrir les frais de construction et d'organisation ; la Ville a fourni le terrain et subvient aux dépenses annuelles, représentées par les chiffres suivants :

Médecin	F.	1.800
Directrice	»	1.800
Concierge et chauffeur..	»	1.800
Médicaments et linge...	»	2.700
Chauffage et éclairage..	»	1.400
Total	F.	9.500

On a traité, en 1884, au dispensaire Dollfus :

829 adultes
1.614 enfants

2.443 personnes

Chaque malade est venu en moyenne dix fois dans l'année, et la journée de traitement de malade est, par suite, estimée à 0 fr. 32.

Fourneaux Economiques

Rue Bernardin-de-Saint-Pierre, 2
Abri des ouvriers, extrémité Est du quai d'Orléans

Les Fourneaux économiques ont été ouverts, au nombre de cinq, le 1ᵉʳ Janvier 1868. — Par suite de diverses circonstances, deux de ces Fourneaux ont seulement été maintenus.

Le premier de ces établissements, situé dans l'ancienne maison conventuelle, rue Bernardin-de-Saint-Pierre, 2, comprend, comme personnel, une directrice et trois femmes de service.

Le second est installé dans l'abri des ouvriers, à l'extrémité Est du quai d'Orléans : une directrice et quatre femmes de service y sont attachées.

Les portions d'aliments délivrées dans ces établissements, au prix de 10 centimes l'une, se composent de pain, soupe grasse et maigre, légumes, bouilli, ragoût, riz et café noir.— Les Fourneaux sont installés de façon à pouvoir consommer sur place, mais l'on y vend aussi à emporter.

Les portions sont payables soit en espèces, soit au moyen de bons que l'on peut se procurer chez le concierge de l'Hôtel-de-Ville, aux Fourneaux, et chez M. Poinsignon, libraire, place de l'Hôtel-de-Ville.

On peut juger de suite les services que les Fourneaux économiques rendent à la classe indigente de la population, si l'on considère que, pendant l'année 1884, il a été vendu 452,873 portions.

Les recettes couvrent à peu près les dépenses ; mais, en cas de déficit, le Budget de la Ville y pourvoit.

Caserne de Passage

Rue du Collège, 2

Sous cette dénomination, la Ville a ouvert, depuis de longues années, un refuge où les voyageurs indigents et les malheureux reçoivent gratuitement le logement et des aliments pendant quelques jours, en attendant qu'ils puissent être rapatriés ou placés.

L'établissement possède 37 lits.

Pendant l'année 1884, il a été reçu 7,281 indigents. Ce chiffre se décompose comme suit :

Hommes	6.609
Femmes	373
Enfants	299
Total	7.281

Sur ces 7,281 indigents, 1,920 appartiennent au Havre, où ils étaient domiciliés, et 5,361 sont étrangers à la ville.

Les dépenses de l'exercice 1884 se sont élevées à :

Nourriture des voyageurs	F.	1.800
Blanchissage de linge	»	1.100
Eclairage et chauffage	»	600
Concierge	»	600
Entretien et divers	»	175
Total	F.	4.275

Orphelinat Massey

5, rue de la Brasserie

Fondé en 1880, à l'aide des ressources provenant d'un legs fait à la ville du Havre par M. Thomas Massey.

Cet établissement reçoit 25 orphelines.

Les conditions d'admission sont les suivantes :

Être âgée de cinq ans au moins et de douze ans au plus ;

Être née au Havre, de parents français, ou née de parents français ayant habité le Havre depuis au moins trois ans, au moment où l'enfant est devenue orpheline.

Les enfants suivent les classes des Ecoles primaires jusqu'à l'âge de treize ans, — puis les cours de l'Ecole d'apprentissage, pendant trois ans. — Elles sont ensuite employées, pendant au moins un an, à tous les travaux du ménage.

Après avoir rempli ces conditions, elles sont placées par les soins du Comité de patronage.

Les dépenses de l'Orphelinat Massey figurent au Budget Municipal pour une somme de 14,800 fr.

———————————

Petites Sœurs des Pauvres

5, rue Foubert

Cet établissement, créé il y a 30 ans, offre un asile aux vieillards et infirmes.

La maison-mère des Petites Sœurs des pauvres a son siège à Saint-Pern (Ille-et-Vilaine).

L'établissement du Havre, administré par 20 sœurs, recueille chaque année et entretient complètement plus de 230 vieillards ou infirmes des deux sexes, qui n'auraient plus d'autres ressources que la mendicité.

Les dépenses de l'exercice 1884 ont été de 36,910 fr. 55. Il y a été pourvu à l'aide de quêtes et d'aumônes qui ont rapporté 37,129 fr. 55, non compris les dons en nature qui ont servi aux usages de l'établissement.

Société protectrice de l'Enfance

à l'Hôtel-de-Ville

Fondée au Havre en 1869 par M. le docteur Lecadre.

Cette Société a pour objet de préserver la santé des enfants nouveaux-nés, de les garantir contre les périls provenant de l'abandon, de la négligence, de la mauvaise volonté ou de l'ignorance des parents.

Convaincue que le meilleur moyen de préserver la vie des enfants est de favoriser l'allaitement maternel, la Société vient en aide à toute femme pauvre qui prend l'engagement d'allaiter son enfant.

Les demandes de secours adressées au Secrétariat général sont par lui transmises à sept dames, présidentes de quartier, et les secours votés par le bureau sont distribués à domicile par les dames inspectrices.

Un bureau de nourrices fonctionne également sous le contrôle de la Société protectrice.

En 1884, les recettes de la Société se sont élevées à

23,214 fr. 30 ; les frais généraux ont été de 459 fr. 80 et les secours distribués de 19,518 fr. 50.

589 enfants ont été assistés pendant cette même année.

Le nombre des membres souscripteurs est d'environ 730.

Ligue Protectrice des Enfants abandonnés et Orphelins du Havre

(Institut agricole et industriel à Sanvic)

Cette Société, fondée en 1882, par l'initiative de M. E. Simon, directeur des services du Bureau de Bienfaisance, a pour objet la protection des enfants abandonnés ou orphelins de l'arrondissement du Havre.

La Société recueille les enfants délaissés, signalés par l'un de ses membres ou par l'autorité judiciaire ou administrative, que la loi n'a pas compris au nombre des enfants assistés ou orphelins recueillis par les Hospices.

Tels sont ceux dont les parents, soit par suite d'infirmités chroniques, d'indigence, des conditions de leur état civil, de la nature de leurs occupations, de leurs vices mêmes, se trouvent dans l'impossibilité morale ou matérielle de les surveiller ou pourvoir plus tard d'un état.

La Ligue met tout son concours à la disposition de l'Administration, notamment en admettant à profiter du bénéfice de l'enseignement professionnel qu'elle se propose de faire donner aux enfants moralement abandonnés, les enfants assistés qui lui sont signalés par l'Administration comme aptes à recevoir cet enseignement.

L'œuvre charitable entreprise par la Ligue s'étant rapidement développée (actuellement le nombre de ses adhérents dépasse mille), un Institut agricole et industriel a pu être ouvert en 1883 à Sanvic, près le Havre. Cet établissement reçoit actuellement trente enfants ; mais, par suite des travaux d'agrandissement qui seront très prochainement exécutés, il pourra en admettre au moins le double.

L'enseignement professionnel donné en dehors de l'enseignement primaire ordinaire aux pupilles de la Ligue est, d'après leurs aptitudes naturelles et le développement de leurs forces physiques, dirigé soit vers des travaux d'horticulture et de culture maraîchère, soit vers des travaux industriels.

La Ligue organise, en outre, le patronage de ses pupilles quand ils ont terminé leurs études.

La Société reçoit des subventions de l'Etat, du département et de la Ville.

La subvention municipale est de 6,000 fr. par an.

Les dépenses ordinaires annuelles s'élèvent à 20,000 fr. environ.

Crèche Havraise

Rue des Gobelins, 51

Fondée en 1877, par Mmes Tscharner et Fol.

Cette institution a pour but d'aider les ouvrières à nourrir et à élever elles-mêmes leurs enfants.

Elle reçoit, pendant les heures de travail, les enfants depuis leur naissance jusqu'à l'âge de trois ans, dont les mères sont obligées de travailler en dehors de leur domicile.

La Crèche prend soin de la nourriture et du linge dont les enfants ont besoin chaque jour.

Le paiement pour les soins journaliers est de 15 centimes par jour.

Les dames patronnesses font une visite quotidienne à la Crèche ; chaque jour aussi, à tour de rôle, un des docteurs-médecins de la Ville s'y rend, afin de surveiller l'état sanitaire et écarter toute cause de maladie contagieuse.

Les recettes de la Crèche Havraise ont été, en 1884, de.. F.   18.388 70

Les dépenses se sont élevées à...... »   10.045 30

Les membres souscripteurs sont au nombre d'environ 280.

Société d'Hygiène publique du Havre

Cette Société a été fondée en 1883, à la suite des travaux de la Commission spéciale chargée d'étudier la question d'assainissement de la ville du Havre. Elle compte aujourd'hui près de quatre-vingt membres actifs et une centaine de membres honoraires.

Le but de la Société d'Hygiène est d'étudier et de vulgariser toutes les questions afférentes à la salubrité publique, à la santé et au bien-être de l'individu et de la collectivité sociale.

Cette étude comprend :

L'hygiène publique et l'hygiène privée ;

La salubrité, la police sanitaire, la prophylaxie des maladies épidémiques et des épizooties ;

L'hygiène des professions et des industries ;

L'alimentation publique ;

La démographie et la statistique médicale ;

La climatologie, la météorologie, l'hydrologie ;

L'assistance publique sous toutes ses formes ;

Les dispositions législatives et les mesures administratives concernant la santé publique.

Société Havraise de Protection des Animaux

Cette Société a été fondée au Havre, le 22 Novembre 1880, par l'initiative de Mme Siegfried-Blech.

Son but est de protéger les animaux, notamment les animaux domestiques, contre toutes les souffrances inutiles on injustes ; de rechercher et vulgariser tout ce qui peut adoucir ou améliorer leur sort ; de provoquer la répression des cruautés dont ils sont souvent l'objet, et, enfin, d'enseigner à tous, et particulièrement aux enfants, qu'aimer et protéger ces êtres sensibles et intelligents, c'est travailler à s'améliorer soi-même.

La Société distribue annuellement des récompenses.

Les lauréats sont divisés en quatre catégories :

1° Sociétés scolaires ;

2° Personnes qui se sont distinguées par une active collaboration ;

3° Fonctionnaires publics, agents de toute nature et employés d'administrations.

4° Ouvriers modèles : domestiques, charretiers, cochers, palfreniers, garçons bouchers, etc.

Au 1er Janvier 1884, l'actif de la Société était de.. F. 2.296 05

Ses recettes pendant l'année 1884 se sont élevées à.................................... » 1.753 35

Total .... F. 4.049 40

Les dépenses ont été de.............. » 3.563 —

Solde en caisse au 31 Décembre 1884 . F.   486 40

IV. — PRINCIPALES ŒUVRES PHILANTHROPIQUES ET SOCIALES

Caisse d'Épargne

Boulevard de Strasbourg, 45

La Caisse d'Epargne du Havre a été fondée par ordonnance royale du 16 Janvier 1822.

Elle a pour but de favoriser l'épargne en recevant les économies journalières des particuliers.

L'Administration de la Caisse d'Epargne est ainsi composée :

Quinze directeurs, sous la présidence de M. le Maire ;

Vingt-huit administrateurs ;

Une Commission de surveillance de cinq membres.

Le personnel comprend un caissier et sept employés.

Les opérations de la Caisse d'Epargne en 1884 se chiffrent ainsi qu'il suit :

Versements............................ F. 4.754.550 03
Remboursements .... » 3.644.253 38

Au 31 Décembre 1883, le compte général des déposants s'élevait à..................... F. 9.476.249 92

Tandis qu'il était au 31 Décembre 1884 de........................... » 10.586.546 57

Soit une augmentation de... F. 1.110.296 65

Le fonds de dotation de la Caisse était au 31 Décembre 1884 de.......................... F. 265.305 18

. La Caisse d'Epargne est ouverte au public tous les dimanches, de neuf heures du matin à midi.—En outre, l'Administration de ladite Caisse a autorisé, par une décision spéciale, les versements pendant la semaine : le caissier remet aux déposants un reçu détaché d'un livre à souche, indiquant le numéro du livret, le nom du titulaire, la date de l'opération et la somme versée. Ce reçu est échangé, la semaine suivante, contre le livret remis au titulaire, après vérification de parfaite concordance.

Chaque versement ne peut être inférieur à 1 fr. Le compte ouvert à chaque déposant ne peut excéder le chiffre de 2,000 fr., versés en une ou plusieurs fois.

Dès qu'un compte dépasse, par les versements et la capitalisation des intérêts, le chiffre de 2,000 fr., il en est donné avis au déposant par lettre chargée.

Si, dans les trois mois qui suivent cet avis, le déposant n'a pas réduit son crédit, il lui est acheté d'office et sans frais vingt francs de rente sur l'Etat.

Le service des intérêts de l'excédant est suspendu à partir de la date de l'avis jusqu'au jour de la réduction du compte.

Les Ecoles du Havre participent, au nombre de 26, à la Caisse d'Epargne scolaire. Actuellement, elles possèdent 5,032 livrets représentant une somme de 113,768 francs.

Elles ont placé 10,297 fr. pendant l'année 1884.

Mont-de-Piété

Rue Saint-Julien, 20

Créé par ordonnance royale du 21 Décembre 1835, le Mont-de-Piété a pour but de prêter sur nantissement, dans la pensée d'arracher aux exactions des usuriers les gens que des circonstances fâcheuses réduisent à la nécessité d'user de tous moyens pour se procurer des fonds.

Les opérations du Mont-de-Piété comprennent : l'engagement de l'objet sur lequel le prêt est consenti ; — le dégagement de cet objet contre le remboursement de la somme avancée et le paiement des intérêts échus ; — le renouvellement que l'emprunteur effectue s'il ne veut pas perdre le gage remis et qui lui donne du temps pour sa libération ; — la vente faite aux enchères des articles abandonnés par leurs propriétaires.

Aux termes de la loi du 24 Juin 1851, les Monts-de-Piété sont déclarés établissements d'utilité publique ; leurs règlements, budgets et comptes sont soumis à l'examen des Conseils Municipaux. Le règlement du 30 Juin 1865 place leur comptabilité sous la surveillance des inspecteurs et receveurs des finances, comme celles des établissements de bienfaisance.

Le Mont-de-Piété du Havre est administré, sous la présidence du Maire, par une Commission de six membres nommés par le Préfet et choisis :

Un tiers dans le Conseil Municipal ;

Un tiers parmi les administrateurs des établissements charitables ;

Un tiers parmi les citoyens domiciliés dans la Ville.

Son personnel comprend un directeur-caissier, un contrôleur, un garde-magasin et plusieurs autres employés.

Les opérations du Mont-de-Piété, pour l'exercice 1884, peuvent se résumer ainsi que suit :

	Nombre		Sommes	
Engagements	74.946	F.	857.124	»
Dégagements	62.814	»	677.194	»
Renouvellements..........	28 495	»	517.708	»
Ventes....	9.857	»	122.583	»
Le total des recettes a été de...		F.	1.347.115	02
Le total des dépenses..........		»	1.341.110	85
Il y a donc en un excédant de recettes de........................		F.	6.004	17

L'établissement emploie pour fonctionner un capital de près de 1,100,000 fr., dont 240,000 fr. environ lui appartiennent et proviennent de bénéfices réalisés. 55,400 fr. sont fournis par les cautionnements des employés, 325,000 fr. sont prêtés par l'Hospice, le surplus par des particuliers.

Quoique constituant une œuvre de bienfaisance, le Mont-de-Piété est obligé, à raison de ses nombreux frais, de faire payer aux emprunteurs un intérêt de 9 0/0.

Cités Ouvrières

La Société Havraise des Cités ouvrières, fondée en 1871, a pour but de construire de petites maisons séparées, ayant quatre pièces avec jardin et cour, et de les vendre au prix coûtant aux ouvriers, qui, en payant une certaine somme par mois, somme qui n'est pas sensiblement plus forte qu'un loyer ordinaire, deviennent propriétaires au bout d'un certain nombre d'années.

Ces habitations sont construites dans les meilleures conditions hygiéniques possibles.

La Société des Cités ouvrières, fondée au capital de 200,00 fr., s'est engagée à se contenter, pour tout bénéfice, d'un intérêt de 4 0/0.

Un premier groupe de 77 maisons ont été construites, en 1871, rue de la Cité-Havraise, et 40 autres maisons ont été bâties, en 1883, rne Desmallières. Ces 117 maisons représentent une dépense de plus de 500,000 fr.

Au 31 Décembre 1884, les maisons de la Cité Havraise, vendues par actes notariés, s'élevaient à 56, et, sur ce nombre, 38 sont entièrement payées.

Le Conseil Municipal, en présence du but philanthropique poursuivi par la Société des Cités ouvrières, lui a accordé, en 1871, une subvention de 25,000 fr. pour l'établissement des rues et autres accessoires. En outre, pour faciliter l'établissement d'une nouvelle Cité dans la rue Desmallières, le Conseil a voté l'exécution d'importants travaux de voirie.

Le prix des maisons varie de 3,000 fr. à 6,000 fr.

L'annuité à payer, comprenant l'intérêt et l'amortissement en quatorze ans, est d'environ 10 0/0, ce qui fait un loyer mensuel de 25 à 50 fr.

Cercle Franklin

Cours de la République

Fondé en 1875, par une Société privée.

La ville du Havre a concédé gratuitement à cette Société un terrain de plus de 5,000 mètres carrés pour y faire construire le bâtiment dans lequel le cercle est installé et elle a fait établir un square autour dudit bâtiment. Les dépenses de construction et d'achat de mobilier se sont élevées à près de 190,000 fr.

Le Cercle Franklin, dans la pensée de ses fondateurs, est destiné à developper le bien-être social, intellectuel et moral de ceux qui en deviennent membres.

Le Cercle contient une bibliothèque réservée à ses membres, et composée d'ouvrages utiles et intéressants, une salle de lecture où se trouvent de nombreux journaux, et les meilleures publications ayant rapport aux différents corps de métier. Il est en outre donné au Cercle des cours du soir et des conférences le dimanche. Telles sont les ressources mises à la disposition de ceux qui désirent s'instruire.

Après le travail, la distraction ; le Cercle offre à ses membres une grande salle de gymnastique, une salle de billard, une vaste salle d'escrime, un bouloir, une salle de conversation et de jeux.

Le Cercle est ouvert, dans la semaine, le soir de sept heures à dix heures, et le dimanche, de midi à onze heures du soir. Les membres du Cercle peuvent amener leurs familles aux conférences de l'après-midi, ainsi qu'aux concerts et aux fêtes qui sont donnés le dimanche soir dans la grande salle du Cercle.

Tout habitant du Havre ou de ses environs peut se faire recevoir membre du Cercle, aux conditions suivantes :

Qu'il jouisse d'une bonne réputation ;

Qu'il soit âgé d'au moins 17 ans ;

Et qu'il s'engage à observer les réglements.

La cotisation des membres du Cercle et de 5 fr. par an.

Actuellement, le Cercle Franklin compte environ 400 adhérents, et ses ressources annuelles s'élèvent à 5,000 fr.

Société Mutuelle de Prévoyance des Employés de Commerce du Havre

8, rue Caligny

La *Société Mutuelle de Prévoyance des Employés de Commerce du Havre,* fondée le 1ᵉʳ Août 1868, a pour but, au moyen de cotisations mensuelles :

1° De fournir gratuitement aux Sociétaires les soins nécessaires en cas de maladie ;

2° De constituer entre les Sociétaires une assurance mutuelle en cas de décès, une assurance en cas d'incapacité de travail, et une assurance, dite de Survie, tenant lieu de capital de retraite ;

3° De procurer des emplois aux Sociétaires sans place ;

4° De professer gratuitement et exclusivement, pour

les Sociétaires, des cours commerciaux embrassant le programme entier des Ecoles supérieures de Commerce, avec adjonction d'un Cercle-Bibliothèque et d'une Bibliothèque de circulation.

Les cours professés chaque soir, de 8 à 10 heures, au siège de la Société, sont les suivants :

Allemand, anglais, comptabilité, français, mathématiques, calligraphie, droit commercial et étude des marchandises et des matières premières.

La Société se compose exclusivement de commis et employés de commerce, d'administrations, d'études et de cabinets, c'est-à-dire de toutes personnes employées dans les bureaux de négociants, armateurs, commissionnaires, banquiers, courtiers, agents de change, compagnies d'assurances et sociétés industrielles ou commerciales, commerçants, ou chez toute autre personne comme employés aux écritures ou expéditionnaires.

Les Sociétaires se divisent en Sociétaires actifs et Sociétaires stagiaires participants, Sociétaires (actifs ou stagiaires) non participants, Membres honoraires participants.

Les Sociétaires actifs participants s'engagent à verser un droit d'entrée, une fois payé, et une cotisation mensuelle, déterminés comme suit.

Le droit d'entrée est fixé :

A partir de 21 ans jusqu'à 25 ans. F.	6 —
De 25 à 30 ans...................... »	12 —
De 30 à 35 ans...................... »	24 —
De 35 à 40 ans...................... »	36 —

Ce droit est payable, soit en un seul versement, soit en six paiements mensuels.

La cotisation mensuelle est fixée à trois francs.

Elle est payable mensuellement et à l'avance.

Cette Société comptait au 31 Décembre 1884 : 144 membres honoraires, 301 membres stagiaires et 511 membres actifs.

Les recettes de l'année 1884 se sont élevées à 31,428 francs 26 et les dépenses à 38,161 fr. 04 (1), se décomposant comme suit :

Honoraires des médecins	F.	2.983	10
Frais pharmaceutiques	»	6.065	70
Frais funéraires	»	1.800	»
Assurances après décès	»	13.050	»
Assurances pour incapacité de travail	»	1.000	»
Dépenses diverses	»	13.262	24
Total	F.	38.161	04

L'actif de la Société au 31 Décembre 1884 était d'environ 50,000 fr.

Société des Sauveteurs de la Ville et de l'Arrondissement du Havre

Fondée en 1870, cette Société a pour but :

1° De donner les soins du Médecin et les médicaments aux Sociétaires participants malades ;

---

(1) L'excédant de dépenses est dû à une mortalité excessive, pendant l'exercice 1884, parmi les Sociétaires actifs.

2° De leur allouer une indemnité pendant le temps de leur maladie ;

3° De pourvoir à leurs frais funéraires, sur la demande des familles ;

4° D'accorder, en cas de décès d'un Sociétaire, une indemnité à sa famille ;

5° De constituer des pensions de retraite, lorsque le revenu de la Caisse de retraite ou le revenu du Fonds de réserve permettront de constituer ces pensions, ainsi qu'il est dit aux articles 66 et suivants des statuts.

La Société se compose de membres titulaires ou participants, sauveteurs médaillés et de membres honoraires.

Les membres participants sont ceux qui ont souscrit l'engagement de se conformer aux statuts et règlements, et qui participent aux avantages assurés par la Société.

Les membres honoraires sont ceux qui, par leurs soins, leurs conseils, dons, legs et souscriptions, contribuent à la prospérité de la Société sans participer à ses avantages.

Nul n'est reçu membre participant, s'il ne posséde une médaille, délivrée par une puissance souveraine pour acte de courage, ou de dévouement, ou services rendus à l'humanité, ou s'il n'a accompli, au moins une fois, un acte de courage ou de dévouement constaté par pièces authentiques et dont la notoriété est attestée sur ladite pièce par un visa de l'autorité, ou enfin s'il n'a rendu des services signalés à l'humanité, constatés comme il est dit ci-dessus.

Les membres participants paient une cotisation mensuelle de 1 fr. 50.

Au 31 Décembre 1884, la Société des Sauveteurs comptait 614 membres honoraires et 220 membres participants.

Pendant l'exercice 1884, ses dépenses se sont élevées à 7,346 fr. 35, se décomposant comme suit :

Frais généraux..................	F.	1.560 90
Honoraires des médecins........	»	1.064 50
Frais pharmaceutiques..........	»	1.408 15
Secours en argent aux malades ..	»	2.395 50
Frais funéraires................	»	592 30
Secours aux veuves	»	325 »

L'actif de la Société était, au 31 Décembre 1884, d'environ 21,000 fr.

Sociétés de Secours Mutuels

Les Sociétés de Secours Mutuels, en dehors de la Société des Sauveteurs et de la Société des Employés de Commerce, sont au nombre de douze, savoir :

1° *Société des Charpentiers et Perceurs de l'Etoile*, fondée en 1850.

Nombre de membres participants au 31 Décembre 1884 : 19

Recettes.	F.	384 36
Dépenses.	»	936 »

Pensionnaires : 2, jouissant chacun d'une rente annuelle de 30 fr.

2° *Société des Voiliers*, fondée le 1ᵉʳ Juin 1850.

Nombre de membres participants au 31 Décembre 1884 : 49

Recettes........................ F. 1.025 71
Dépenses........................ » 1.160 75

Cette société a un pensionnaire qui jouit d'une retraite de 50.fr. par an.

3° *Société Typographique*, fondée le 1ᵉʳ Juillet 1850.

Nombre de membres participants au 31 Décembre 1884 : 36

Recettes........................ F. 651 62
Dépenses........................ » 481 35

4° *Société Saint-François-Xavier*, fondée en 1843.

Nombre de membres au 31 Décembre 1884 :

Honoraires.... 118
Participants... 227

Recettes........................ F. 5.307 52
Dépenses........................ » 5.692 20

Pensionnaires : 7, titulaires d'une pension annuelle de 50 fr. chacun.

5° *Société Saint-Joseph*, fondée le 15 Novembre 1857.

Nombre de membres au 31 Décembre 1884.

Honoraires.............. 152
Participants { Hommes. 511
{ Femmes. 490

Recettes........................ F. 18.340 55
Dépenses........................ » 17,253 75

Pensionnaires. { Hommes. 7
{ Femmes. 6

jouissant chacun d'une rente annuelle de 60 fr.

6° *Société Sainte-Marie*, fondée le 1ᵉʳ Janvier 1860.

Nombre de membres au 31 Décembre 1884 :

Honoraires.... 83
Participants... 377

Recettes...................... F. 8.236 41
Dépenses...................... » 7.690 25

Pensionnaires : 17, titulaires d'une pension annuelle de 30 fr. chacun.

7° *Société l'Union*, fondée en 1866.

Nombre de membres au 31 Décembre 1884 :

Honoraires..... 14
Participants ... 56

Recettes...................... F. 1.758 95
Dépenses...................... » 1.233 80

8° *Société de la Cordonnerie Havraise*, fondée en 1869.

Nombre de membres au 31 Décembre 1884 :

Honoraires..... 4
Participants.... 42

Recettes...................... F. 889 50
Dépenses...................... » 619 15

9° *Société la Caisse Typographique de Prévoyance*, fondée en 1870.

Nombre de membres participants au 31 Décembre 1884 : 133

Recettes...................... F. 4.154 77
Dépenses...................... » 3.902 »

10° *Société des Coiffeurs,* approuvée le 23 Janvier 1884.

Nombre de membres au 31 Décembre de la même année.

Honoraires..... 10
Participants.... 34

Recettes...................... F. 1.150 40
Dépenses...................... » 427 90

11° *Société Franklin,* approuvée le 3 Mars 1884.

Nombre de membres au 31 Décembre 1884 :

Honoraires 5
Participants.... 59

Recettes....................... F. 1.292 »
Dépenses...................... » 646 15

12° *Société l'Union Fraternelle des ouvriers couvreurs, plombiers et zingueurs,* approuvée par arrêté préfectoral du 17 Mai 1884.

Nombre de membres participants au 31 Décembre 1884 : 25

Recettes...................... F. 424 55
Dépenses...................... » 105 25

Abri des Ouvriers

La ville du Havre a fait construire en 1872, sur le terre-plein Nord-Est du quai d'Orléans, un abri destiné à préserver des intempéries des saisons, les travailleurs de toutes professions attendant leur embauchage. Un fourneau économique est établi dans cet abri.

Le Conseil Municipal vient de voter la création d'un deuxième abri pour les ouvriers de marine : calfats, charpentiers, perceurs, etc. — Cet abri sera placé devant le Ponton, en face l'extrémité Nord de la rue de l'Hôpital.

Société des Bains et Lavoirs publics

Rue Hélène, 59

Société fondée en 1879 pour la création de bains et de lavoirs publics à bon marché, pour la classe ouvrière.

Un premier établissement a été construit dans le quartier populeux de Graville, et il y rend de véritables services.

Voici le mouvement de l'établissement pendant l'anné 1884 :

13.655	Bains simples à 30 centimes.	F.	4.096 50
237	Douches à 50 centimes.......	»	118 50
902	Bains de Barèges à 1 fr.......	»	902 »
11.647	Serviettes à 5 centimes.......	»	582 35
2.875	Fonds de bains et Peignoirs à 15 centimes................	»	431 25
3.499	Heures de laveuses à 5 centimes	»	174 95
2.038	Demi-journées de laveuses à 20 centimes................	»	407 60
1.213	Essoreuses à 5 centimes......	»	60 65
9.114	Seaux d'eau chaude et de lessive à 5 centimes..........	»	455 70
736	Paquets de linge au coulage à 10 centimes	»	73 60

2.320 Paquets de linge au coulage à
    20 centimes................. »   464 »
1.146 Séchoirs à 15 centimes........ »   171 90

Les dépenses, pendant la même année, ont été les suivantes :

Chauffage (en chiffres ronds)............ F. 2.600
Frais de personnel..................... » 1.200

Contributions, impôt sur le revenu, abonnement au timbre, éclairage, lavage, sulfure, réparations, imprimés, etc.................. » 2.400
Dividende aux actionnaires............. ». 2.640

La Société se contente d'un intérêt de 4 0/0.

Une subvention municipale de 15,000 fr. a été accordée à la Société des Bains et Lavoirs publics, lors de sa fondation. En outre, la Ville fournit gratuitement l'eau nécessaire au fonctionnement de l'établissement,

Société Havraise d'Emulation et d'Encouragement pour les Apprentis de la Métallurgie

Cette Société, fondée en Novembre 1883, a pour but : d'exciter l'émulation entre les ouvriers et apprentis de la Métallurgie et des Industries qui s'y rattachent, de patronner, assister et moraliser les apprentis, par tous les moyens de nature à réaliser l'objet qu'elle se propose ; d'encourager les ouvriers à perfectionner leur instruction professionnelle ; de récompenser les vieux ouvriers pour la longue durée de leurs services dans une même maison.

Des concours et examens annuels déterminent les récompenses à accorder aux enfants patronnés. Il est également décerné des récompenses aux personnes adhérentes ou non qui aident la Société dans sa tâche ou contribuent à l'éducation professionnelle des apprentis, — ainsi qu'aux ouvriers qui sont recommandés à la Société.

Ces récompenses sont décernées en séance publique.

Les fondateurs de la Société ont été surtout frappés de ce fait que beaucoup d'enfants n'ont pu bénéficier des avantages offerts par l'Ecole d'apprentissage, et qu'en les mettant en mesure d'acquérir une instruction théorique — et même pratique — qui leur fait souvent défaut, on leur rendrait un grand service. D'un autre côté, il leur a paru qu'il était utile que les anciens élèves de l'Ecole d'apprentissage pussent entretenir et étendre les connaissances qu'ils ont laborieusement acquises.

C'est dans ce double but qu'ont été organisés les cours suivants : Mécanique et Traçage, Géométrie, Arithmétique, Dessin, Géographie industrielle et Métallurgie. — En 1884, ces cours ont été suivis par trente apprentis.

Les ressources annuelles de la Société s'élèvent à 2,000 fr. environ, et consistent spécialement dans la cotisation des membres actifs et honoraires, qui est de 12 fr. par an. Le Conseil Municipal lui accorde une allocation.

Chambres Syndicales

Syndicat général du Commerce et de l'Industrie, rue Madame-Lafayette, 2, représentant les Chambres syndicales de la métallurgie, de l'industrie du bâtiment, des commerçants réunis, de l'épicerie, de la boulangerie et de la boucherie.

Chambre syndicale des Commerçants réunis, rue Madame-Lafayette, 2.

Syndicat du Commerce des Salaisons et Saindoux d'Amérique au Havre, place du Commerce, 6.

Syndicat du Commerce des Cafés, place du Commerce, 6.

Syndicat du Commerce en gros des Vins et Spiritueux du Havre et de l'arrondissement, Palais de la Bourse, escalier D.

Chambre syndicale de l'Industrie du Bâtiment, rue Madame-Lafayette, 2.

Syndicat des Brasseurs de Cidre, rue de Bordeaux, 40.

Chambre syndicale de la Boucherie, rue Madame-Lafayette, 2.

Chambre syndicale de la Boulangerie, rue Lemaistre, 12.

Syndicat du Commerce de l'Epicerie et des Industries qui s'y rattachent, dans l'arrondissement du Havre, rue de la Bourse, 32.

Chambre syndicale des Corporations Maritimes réunies, place Gambetta, 7.

Chambre syndicale des Mécaniciens-Navigateurs du port du Havre, rue de la Fontaine, 16.

Société et Chambre syndicale des Constructeurs-Mécaniciens, Chaudronniers, Fondeurs et des Industries qui s'y rattachent, de l'arrondissement du Havre, rue Madame-Lafayette, 2.

Chambres Syndicales Ouvrières

Métallurgistes réunis, réunion rue des Prés, 49.

Peintres, réunion rue au Lard, 3.

ECOLES PRIMAIRES DE LA VILLE DU HAVRE

PROGRAMME D'ENSEIGNEMENT pour la CLASSE ENFANTINE

Section des Enfants de 5 à 7 ans

EDUCATION PHYSIQUE

GYMNASTIQUE

(1 heure 30 par semaine. — 15 minutes par jour environ)

1er Trimestre. — OCTOBRE, NOVEMBRE, DÉCEMBRE

Jeux dans les sorties et les récréations, réglés par une surveillance active et incessante. — Premiers exercices de marche : 1º sur place ; 2º en avant. — Tenue du corps, de la tête et des bras, au repos et pendant la marche. — Marches au pas, par files de 2, 3, 4 élèves. — Alignement sur files simples de 4 à 12 élèves au plus.

2e Trimestre. — JANVIER, FÉVRIER, MARS

Principes d'alignement (suite) sur files simples (20 élèves). — Distances simples. — Premiers mouvements de la tête, des bras et des jambes, en deux temps. — Marche cadencée sur place. — Marche au pas, en rang de 2, puis de 4 élèves de front. — Demi-tours à droite et à gauche : 1º sur place ; 2º en marchant. — Pas gymnastique.

3e Trimestre. — AVRIL, MAI, JUIN

Marches au pas, par files doubles de 4 à 12 élèves. — Doubles distances. — Mouvements alternatifs et gradués de la tête, des bras et des jambes, en deux temps et en quatre temps. — Marches en sections, par files doubles de 8 à 16 élèves.

4e Trimestre. — JUILLET et AOUT

Révision générale des principes de marches et d'alignement. — Exercices gradués.

7

EDUCATION PHYSIQUE

EXERCICES MANUELS
(1 heure par semaine. — 2 leçons de 30 minutes chacune)

OCTOBRE, NOVEMBRE, DÉCEMBRE

Pliage de papier de forme carrée et rectangulaire de diverses dimensions. — Assemblage de carton ou de bois découpé régulièrement (carrés, rectangles, triangles, etc.).

Tissage : Disposition de bandes rectangulaires de papier ou de carton formant la chaîne, premiers exercices de tissage.

Tressage de 2 et 3 bandes de papier ou de petites cordes.

JANVIER, FÉVRIER, MARS

Pliage de papier de formes diverses ; formation de figures régulières. — Assemblage de carton ou de bois découpé de teintes diverses. — Jeux de patience. — Mosaïques. — Rosaces. — Disposition de la chaîne et de la trame pour le *tissage*. — Exercices de tissage avec bandes de papier teintes uniformes.

Tressage (2, 3 et 4 bandes de papier ou cordes molles).

AVRIL, MAI, JUIN

Pliage de papier de formes et de dimensions diverses. — Composition de petits dessins et objets en papier. — Collage. — Assemblage de carton ou de bois découpé. — Dessins d'invention. — Montage et démontage de pièces en bois assemblées (Jeux de patience). — *Tissage* avec bandes de teintes diverses. — *Tressage* de 2, 3, 4, 5 bandes (cordes ou étoupes, chanvre ou jute).

JUILLET et AOUT

Exercices divers de *Pliage*, *Tissage* et *Tressage*. — Compositions.

EDUCATION INTELLECTUELLE

LECTURE
(10 heures par semaine. — 2 heures par jour)

OCTOBRE, NOVEMBRE, DÉCEMBRE

Etude des lettres. — Syllabes. — Mots faciles. — Exercice d'applica-

EDUCATION INTELLECTUELLE

LECTURE (SUITE)

tion. — Récapitulations fréquentes des premiers exercices. — Etude des 10 chiffres.

JANVIER, FÉVRIER, MARS

Syllabation. — Premiers exercices de lecture courante de mots faciles. — Exercices d'épellation de mémoire (Noms d'objets, de personnes, d'animaux, etc., noms des chiffres). — Mêmes exercices au tableau.

AVRIL, MAI, JUIN

Exercices d'épellation et de lecture courante de mots et de petites phrases simples. — Exercices d'épellation de mémoire (Noms, Adjectifs, Verbes formant de petites propositions).

JUILLET et AOUT

Révision des principes de lecture. — Récapitulation des exercices divers des trimestres précédents.

ECRITURE

(2 heures 30 minutes par semaine. — 30 minutes par jour)

OCTOBRE, NOVEMBRE, DÉCEMBRE

Principes de la tenue du corps et de la plume. Premiers principes d'écriture. — Etude graduée de la formation des lettres de l'alphabet (minuscules de 6 à 8 millimères). — Formation des 10 chiffres.

JANVIER, FÉVRIER, MARS

Continuation de l'étude des principes. — Application à la formation des lettres, des syllabes et des mots indiqués par les exercices de lecture. — Chiffres.

AVRIL, MAI, JUIN

Etude des principes (suite) avec explications au tableau noir. — Tenue du corps et de la plume. — Etude des majuscules. — Formation des mots en rapport avec les leçons de lecture et de langue maternelle. — Chiffres.

JUILLET et AOUT

Révision générale des principes. — Exercices divers d'application. — Chiffres.

EDUCATION INTELLECTUELLE

CALCUL

(5 heures par semaine. — 1 heure par jour)

OCTOBRE, NOVEMBRE, DÉCEMBRE

Connaissance et écriture des 10 chiffres. — Formation, lecture et écriture des nombres de 1 à 50. — Exercices oraux et écrits d'addition sur des nombres concrets. — Etude élémentaire du *mètre ;* ses usages. Le décamètre et le décimètre.

JANVIER, FÉVRIER, MARS

Connaissance et écriture des chiffres de 1 à 100. — Exercices oraux et écrits d'additions et de soustractions sur des nombres concrets limités à la centaine. — Premières subdivisions de l'unité (idée des expressions 1/2, 1/3, 1/4) rendues sensibles à l'aide d'objets. — LE LITRE : Ses usages les plus ordinaires. — Valeur des mots *Déca, hecto, deci, centi,* leurs applications au mètre et au litre.

AVRIL, MAI, JUIN

Additions et soustractions de nombre concrets contenant seulement des unités et des dizaines (oralement et par écrit) Multiplication et division sur des nombres de deux chiffres (Exercices oraux et écrits. — LE GRAMME. — Principaux poids ; leurs usages. — LE FRANC. — Nom et nature des pièces de monnaie françaises.

JUILLET et AOUT

Récapitulation générale. — Exercices oraux et écrits de *Calcul élémentaire,* multiples et sous-multiples les plus usités du MÈTRE, du LITRE, du GRAMME et du FRANC.

LANGUE MATERNELLE

(2 heures 30 par semaine. — 30 minutes par jour)

OCTOBRE, NOVEMBRE, DÉCEMBRE

Idée du *Nom,* en faisant nommer aux élèves les objets qu'ils peuvent voir, toucher, etc. ; ceux qui leur sont familiers ; leurs propres noms, ceux de leurs parents, de leur rue, etc., etc. — Faire épeler ces noms. — Exercices de mémoire (petites poésies courtes et faciles).

EDUCATION INTELLECTUELLE

LANGUE MATERNELLE (SUITE)

JANVIER, FÉVRIER, MARS

Faire indiquer la qualité des objets (forme, couleur. etc). — Epellation des *Adjectifs* cités. — Faire dire comment est telle personne ou telle chose. — Epellation des noms et adjectifs cités. — Ecriture des mêmes mots. — Donner une idée du *Verbe* par de petits exercices d'invention. — Exercices de mémoire.

AVRIL, MAI, JUIN

Indiquer ce que fait telle personne, par qui est faite telle action, fabriqué tel objet, etc. — Epellation et écriture des mots cités. — Suite de l'étude élémentaire du verbe. — Donner une idée des *Pronoms* et en particulier du pronom *personnel*. — Exercices oraux. — Exercices d'invention. — Exercices de mémoire.

JUILLET et AOUT

Révision générale. — Exercices oraux et écrits)*Noms, Adjectifs, Pronoms, Verbes)*. — Exercices d'invention. — Exercices de mémoire.

RÉCITS D'HISTOIRE NATIONALE
(30 minutes par semaine. — 1 leçon)

OCTOBRE, NOVEMBRE, DÉCEMBRE

1º *Les Gaulois.* — *J. César.* — Vercingétorix se rendant à César.
2º *Les Francs.* — Clovis à la bataille de Tolbiac.
3º *Charlemagne.* — L'empereur Charles visitant les écoles.
4º *Les Croisades.* — Godefroy de Bouillon proclamé roi de Jérusalem.
5º *Les Capétiens.* — Philippe-Auguste à Bouvines.
6º *Dernières Croisades.* — Mort de Saint-Louis devant Tunis.

JANVIER, FÉVRIER, MARS

1º *Guerre de Cent Ans.* — Jeanne d'Arc au sacre de Charles VII, à Reims.

2º *Guerres d'Italie.* — François Ier à Marignan. — Le Connétable de Bourbon et Bayard.

3º *Guerres de Religion.* — Entrée de Henri IV à Paris.

EDUCATION INTELLECTUELLE

RÉCITS D'HISTOIRE NATIONALE (SUITE)

4º *Guerres de Louis XIV*. — Condé à la bataille de Rocroi.
5º   *Dito.*   Mort de Turenne à Salzbach.
6º *Louis XV*. — Louis XV à la bataille de Fontenoy.

AVRIL, MAI, JUIN

1º *La Révolution frnçaise*. — Première séance des Etats-Généraux.
2º *Guerres de la Révolution*. — Canonnade de Valmy.
3º *Dito*. — Le général Bonaparte et les pestiférés de Jaffa.
4º *Guerres du premier Empire*. — Napoléon à la bataille d'Iéna.
5º   *Dito.*   Le général Moncey défendant la bar-
rière de Clichy (Paris, mars 1814).

JUILLET et AOUT

1º *Conquête de l'Algérie*. — Bataille d'Isly gagnée sur les Marocains.
2º *Guerre de 1870-71*. — Les Prussiens en France en 1870-71. — Siège
de Paris.

RÉVISION GÉNÉRALE.

GEOGRAPHIE
(30 minutes par semaine. — 1 leçon)

OCTOBRE, NOVEMBRE, DÉCEMBRE

Donner aux enfants l'idée d'une carte par le plan de l'école. — Simples
indications pour les amener à connaître les principaux points de repère
d'une carte. Domicile (rue, nº); Lieu et date de la naissance des élèves
— Profiter de ces leçons pour faire redire aux enfants leurs noms et pré-
noms et celui de leurs parents.

JANVIER, FÉVRIER, MARS

Etude du quartier et en particulier des rues parcourues pour se rendre
à l'école. — Orientation. Points cardinaux. Situation des principaux monuments et du domicile des élèves par rapport à l'école.

AVRIL, MAI, JUIN

Démonstration, à l'aide d'une sphère, de la forme de la terre. — La

EDUCATION INTELLECTUELLE

GÉOGRAPHIE (SUITE)

terre et l'eau. — Principaux accidents du sol expliqués à l'aide d'un relief et des accidents locaux. — Termes géographiques.

JUILLET et AOUT

Récapitulation. — Essais de cartographie à l'aide du papier quadrillé ou de l'ardoise. — (Plan de la classe, de l'école et de ses alentours, etc.). — Donner une idée de la forme et de la position de la France, au moyen de la sphère ou d'une mappemonde.

LEÇONS DE CHOSES

(2 heures par semaine. — 4 leçons de 30 minutes chacune)

(Récits, causeries, questions autant que possible avec les objets
montrés aux enfants)

OCTOBRE. — *La Vendange :* Vigne, raisin, vin, cuve, tonneau, bouteille, verre, bouchons, litre. — Pommes, cidre. — Houblon, bière.

NOVEMBRE. — *Le Labourage :* Charrue, herse.
L'Eclairage : Chandelle, bougie ; lampes ; gaz. — Phare.

DÉCEMBRE. — *Le Chauffage :* Froid, neige, glace, avalanches ; Suisse, Alpes ; patins, traîneaux. — Thermomètres, poêle, cheminées. — Bois, charbon, allumettes. — Engelures, rhumes. — Le foyer, la famille.

JANVIER. — *Nouvelle année :* Mouvement de la terre autour du soleil. — Compliments, étrennes ; charité. — Oranges, marrons.
L'Habillement : Fourrures, couvertures, édredon, laine, coton, drap, flanelle, tissage, filage, teintures, aiguilles, épingles.

FÉVRIER. — *Le Corps humain :* Principaux organes des sens.
L'Alimentation : Mets et boissons ; boulanger, boucher, fruitier, épicier ; faim, appétit, indigestion ; médecin.

MARS. — *L'habitation :* Bois, pierre, fer, briques ; ardoises, plâtre, chaux ; tuile, chaume, zinc.
Diverses industries du bâtiment : Les abeilles. — Ruches, cellules, cire, miel.

EDUCATION INTELLECTUELLE

LEÇONS DE CHOSES (SUITE)

AVRIL. — *La végétation :* Graines, racines, tige, fleurs, etc.
Les nids d'oiseaux : Services que nous rendent les oiseaux, hirondelles ; chenilles, insectes, hannetons ; vers à soie.

MAI. — *L'eau :* Ruisseau, rivière, fleuve, mer, marée, bains froids, natation.
La pêche : Poissons de mer et poissons d'eau douce.
Le blanchissage : Savon, propreté.

JUIN. — *La ferme :* La fenaison ; cheval, âne, chien de berger, loup, mouton ; porc ; dindon, poule, oie, canard, pigeon ; laiterie , lait, beurre, fromage.

JUILLET. — *L'orage :* Eclairs, tonnerre, grêle, vent, paratonnerre, arc-en-ciel.
Les fruits : Cerises, fraises, abricots, poires, pommes, prunes.

AOUT. — *La moisson :* Blé, orge, avoine, farine, pain, pâte, four, boulanger, pâtissier.
Les voyages : Routes, chemins de fer, bateaux à vapeur ; cartes, points cardinaux, boussole, aimant, Christophe-Colomb ; races d'hommes, la patrie, le monde.

DESSIN
(1 heure par semaine. — 1 leçon)

OCTOBRE, NOVEMBRE, DECEMBRE

Tracé de lignes horizontales et verticales de différentes longueurs. 1° A l'aide de points, 2° d'un seul trait. Combinaisons de ces lignes à l'aide de lattes et de bâtonnets. Réprésentation de ces combinaisons sur l'ardoise et le papier quadrillé au centimètre. — Petits dessins d'objets usuels très simples, en rapport avec les leçons de choses.

JANVIER, FÉVRIER, MARS

Tracé d'obliques à 45° de gauche à droite et de droite à gauche : 1° à l'aide de points, 2° d'un seul trait. — Petits dessins formés par la combi-

EDUCATION INTELLECTUELLE

DESSIN (SUITE)

naison de ces lignes. — Combinaisons de lignes verticales, horizontales et obliques, à l'aide de lattes et de bâtonnets ; représentation de ces combinaisons sur l'ardoise et le papier quadrillé. — Dessins d'objets usuels simples.

AVRIL, MAI, JUIN

Tracé de lignes dans toutes les directions : 1° à l'aide de points, 2° d'un seul trait. — Rose des Vents. — Division des lignes en 2, 4, 8, puis 3, 6, 12 parties égales. Combinaisons diverses à l'aide de ces lignes (Dessins d'invention). Dessins d'objets usuels simples.

JUILLET et AOUT

Révision générale du tracé et de la division des lignes. Exercices d'application. — Petits dessins d'invention. Représentation d'objets faisant partie des leçons de choses.

CHANT

(30 minutes par semaine. — 1 leçon)

OCTOBR, NOVEMBRE, DÉCEMBRE

Chants simples appris exclusivement par l'audition, à l'unisson et en rapport avec les leçons de choses.

JANVIER, FÉVRIER, MARS

Chants à l'unisson, appris par l'audition. — Chants au repos et en marche, en rapport avec les leçons de choses et les mouvements gymnastiques.

AVRIL, MAI, JUIN

Mêmes exercices que dans les trimestres précédents. — Essais de chants faciles à deux parties. — Canons. — Idée de la portée, au moyen de la main.

JUILLET et AOUT

Nom et position des notes sur la portée. — Récapitulation. — Etude de chants à une et à deux parties. — Formes et noms des notes de musique.

EDUCATION MORALE

(30 minutes par semaine. — 1 leçon)

OCTOBRE, NOVEMBRE, DÉCEMBRE

La Famille. Sa composition. — Droits et autorité du père et de la mère. — Respect et obéissance dus par les enfants. — Historiettes morales lues ou racontées.

JANVIER, FÉVRIER, MARS

La Famille (suite). — Devoirs réciproques des frères et sœurs. — Protection, conseils, affections, etc. — Degrés de parenté : Respect dû aux membres d'une même famille. — Historiettes morales, traits d'amour filial, de dévouement, etc.

AVRIL, MAI, JUIN

L'Ecole comparée à la famille. — Autorité du maître. — Conduite des élèves à l'école et au dehors. — Historiettes morales lues ou racontées. — Petites poésies expliquées et apprises par cœur. — Questions propres à en faire saisir le sens.

JUILLET et AOUT

Révision générale. — Règles de conduite à observer dans la famille, dans l'école et dans la société. — Traits de dévouement, anecdotes, historiettes morales, etc. — Petites poésies apprises et expliquées.

PROGRAMME DU COURS ÉLÉMENTAIRE

EDUCATION PHYSIQUE

HYGIÈNE
(30 minutes par semaine)

OCTOBRE. — Le corps humain. — Préceptes concernant les soins corporels. — Bains.

NOVEMBRE.— Soins de la tête et du visage. — Chauffage.

DÉCEMBRE. — Propreté des mains, des doigts et des ongles. — Résumé des soins hygiéniques à donner au corps.

JANVIER. — La nourriture. — Le pain, qualité du pain. — Utilité des aliments.

FÉVRIER. — Viandes. — Légumes, fruits. — Qualités de ces divers aliments. — Notions élémentaires sur la digestion.

MARS. — Les boissons. — Usages des boissons. — Sobriété et intempérance.

AVRIL. — Vêtements. — Matières. — Draps. — Formes des vêtements. — Diversité des vêtements selon la saison.

MAI. — Linge, toile. — Soins de propreté à donner au linge de corps.

JUIN. — Chaussures. — Cuir. — Conseils hygiéniques relatifs aux chaussures et aux pieds. — Bains. — Avantages et inconvénients.

JUILLET et AOUT.— Le logement. — Aération des appartements. — Exposition. — Récapitulation générale.

GYMNASTIQUE
(1 heure par semaine)

OCTOBRE, NOVEMBRE, DÉCEMBRE

Exercices préparatoires : station régulière du corps, alignements, ouvrir et serrer les intervalles. — Mouvements de la tête. — Mouvements du

EDUCATION PHYSIQUE

GYMNASTIQUE (SUITE)

tronc (2 premiers exercices). — Mouvements des bras (6 premiers exercices).— Mouvements des jambes (3 premiers exercices). — Mouvements des bras et des jambes (6 premiers exercices). — Exercices de marche au pas accéléré sur 2 rangs.

JANVIER, FÉVRIER, MARS

Mouvements du tronc (3 derniers exercices). — Mouvements des bras (7 derniers exercices). — Mouvements des jambes (4 derniers exercices). — Mouvements des bras et des jambes (7 exercices suivants). — Exercices de marche au pas accéléré et au pas gymnastique sur 2 rangs.

AVRIL, MAI, JUIN

Révision. — Exercices des 2 premiers trimestres avec les haltères et la barre. — Course cadencée. — Evolutions. — Exercices militaires. — Alignements. — Formation de pelotons. — Marches de front.

JUILLET et AOUT

Récapitulation générale.

TRAVAUX MANUELS
(Garçons, 1 heure par semaine)

OCTOBRE, NOVEMBRE, DÉCEMBRE

Exercices manuels destinés à développer la dextérité de la main. — Découpage de carton-carte en forme de solides géométriques.

JANVIER, FÉVRIER, MARS

Vannerie : assemblage de brins de couleurs diverses.

AVRIL, MAI, JUIN

Modelage : reproduction de solides géométriques et d'objets très simples.

JUILLET et AOUT

Récapitulation générale.

EDUCATION PHYSIQUE

TRAVAUX MANUELS
(Filles, 2 heures 30 par semaine)

OCTOBRE, NOVEMBRE, DÉCEMBRE

Eléments de couture. — Ourlets et surjets.

JANVIER, FÉVRIER, MARS

Couture rabattue. — Point de piqûre.

AVRIL, MAI, JUIN

Tricot : étude du point ; mailles à l'endroit ; mailles à l'envers ; côtes ; augmentations ; diminutions.

JUILLET et AOUT

Point de marque sur canevas.

EDUCATION INTELLECTUELLE

LECTURE
(5 heures par semaine)

OCTOBRE. — Lecture de petites phrases avec repos aux virgules et autres signes.

NOVEMBRE. — Liaisons de l's et du t. Explications et interrogations.

DÉCEMBRE. — Liaisons de l's et du t. Explications et interrogations.

JANVIER, FÉVRIER, MARS

Lecture avec repos et liaisons de toutes sortes. — Explications et interrogations.

AVRIL, MAI, JUIN

Lecture courante graduée avec explications. — Conclusions morales tirées de la lecture et résumé.

JUILLET et AOUT

Lecture courante. — Révision générale des principes.

EDUCATION INTELLECTUELLE

ECRITURE
(5 heures par semaine)

OCTOBRE, NOVEMBRE, DÉCEMBRE

Premiers éléments et lettres droites. — Lettres à rondeurs (hauteur du corps de l'écriture : 7 millimètres). — Chiffres à toutes les leçons.

JANVIER, FÉVRIER, MARS

Exercices sur les lettres à rondeurs, à grands jambages et à boucles (5 à 6 millimètres). — Chiffres. — Principes au tableau noir.

AVRIL, MAI, JUIN

Récapitulation des lettres : droites, à rondeurs, à grands jambages et à boucles (4 à 5 millimètres). — Lettres majuscules. — Exercices variés et méthodiques. — Chiffres. — Principes au tableau noir.

JUILLET et AOUT

Gros moyen (3 millimètres). — Majuscules. — Chiffres. — Récapitulation générale des principes.

LANGUE FRANÇAISE
(5 heures par semaine)

OCTOBRE. — Indiquer des noms de personnes, d'animaux, de choses : les épeler. — Définition du nom. — Notions sur le verbe. — Exercices de mémoire. — Petites dictées. — Etude d'un court morceau de poésie.

NOVEMBRE. — Nom commun, nom propre. — Reconnaître les noms d'un morceau écrit, lu ou dicté. — Exercices d'invention sur les noms. — Morceau choisi à réciter.

DÉCEMBRE. — Genre et nombre. — Écrire des noms avec les articles. — Exercices d'application et d'invention. — Petites dictées. — Poésie à réciter.

JANVIER. — Règle générale sur la formation du pluriel des noms. — Exercices d'application. — Etude d'un morceau de prose ou de poésie.

FÉVRIER. — Indiquer les adjectifs qualificatifs, les épeler, les écrire,

EDUCATION INTELLECTUELLE

LANGUE FRANÇAISE (SUITE)

les ajouter aux noms. — Définition de l'adjectif. — Exercices. — Etude d'un morceau.

MARS. — Accord de l'adjectif. — Règle générale du féminin et du pluriel. — Exercices d'invention et d'application. — Morceau choisi.

AVRIL. — Résumé du nom et de l'adjectif. — Exercices d'application et d'invention. — Etude d'un morceau.

MAI. — Pronom. — Définition. — Différentes sortes de pronoms. — Exercices d'application. — Morceau choisi (prose, poésie).

JUIN. — Etude des verbes *avoir* et *être*. — Exercices avec le nom et l'adjectif. — Morceau choisi.

JUILLET et AOUT. — Verbes réguliers dans leurs temps les plus usités. — Exercices oraux de conjugaison et exercices écrits au tableau noir. — Morceau choisi. — Révision générale.

HISTOIRE
(1 heure par semaine)

OCTOBRE. — La Gaule et les Gaulois. — Vercingétorix et César. — La religion chrétienne en Gaule. — Invasions barbares. — Attila et Sainte-Geneviève.

NOVEMBRE. — Clovis et Clotilde. — Les maires du Palais. — Pépin d'Héristal et Charles Martel. — Bataille de Poitiers. — Charlemagne.

DÉCEMBRE. — La Société féodale. — Les Normands. — Siège de Paris. — La Chevalerie. — Les Communes. — Louis-le-Gros et Suger. — Bouvines et Philippe-Auguste.

JANVIER. — 1º Révision des matières étudiées dans le trimestre précédent ; 2º les Croisades. — Saint Louis.

FÉVRIER. — Les Anglais en France. — Duguesclin. — Jeanne d'Arc. — Les grandes inventions et les grandes découvertes. — Gutemberg. — Christophe Colomb.

MARS. — Les Français en Italie. — Marignan. — François Iᵉʳ. — Bayard.

EDUCATION INTELLECTUELLE

HISTOIRE (SUITE)

AVRIL. — Révision des matières étudiées dans le trimestre précédent. — Henri IV. — Sully. — Louis XIII et Richelieu.

MAI. — Louis XIV et son siècle. — Colbert. — Louvois. — Condé. — Turenne. — Vauban. — Duquesne. — Corneille. — Fénelon. — La Fontaine.

JUIN. — Louis XV, résumé rapide. — Turgot. — Guerre d'Amérique. — La Fayette. — Necker. — Convocation des Etats Généraux.

JUILLET et AOUT. — La Révolution. — Mirabeau. — Les Volontaires. — Valmy. — Jemmapes. — Fleurus. — Révision.

GÉOGRAPHIE
(1 heure par semaine)

OCTOBRE. — Plan de la classe, de l'école. — L'horizon. — Points cardinaux trouvés sur le terrain. — Orientation sur la carte.

NOVEMBRE. — Le quartier. — Rues. — Monuments. — Etude du plan. — Orientation par rapport à l'école.

DÉCEMBRE. — Accidents du sol local. — La Ville et ses alentours. Sa population. Son commerce. Ses célébrités. Communes environnantes. — Révision des matières étudiées dans le trimestre.

JANVIER. — Définition des termes géographiques tirée de l'observation directe. — L'Arrondissement et ses dix Cantons.

FÉVRIER. — Lecture de la Carte physique. — Etude du Département, ses Arrondissements, leur situation.

MARS. — Les saisons. — Les principaux phénomènes atmosphériques. La terre : sa forme, son étendue. — Révision générale.

AVRIL. — Les grandes divisions de la Terre, leurs subdivisions. — Les cinq parties du Monde. — Position et grandeur relatives de la France.

MAI. — Bornes de la France. — Principales chaînes de montagnes. — Les grands fleuves, leur source, leur direction, leur embouchure.

JUIN. — Principales Villes de la France, leur position relative. — Les principaux Ports.

JUILLET et AOUT. — Idée de la représentation cartographique. — Lecture des cartes. — Révision.

EDUCATION INTELLECTUELLE

INSTRUCTION CIVIQUE
(30 minutes par semaine)

OCTOBRE. — Ce que c'est qu'une nation. — Droits d'une nation. — Guerre agressive, guerre défensive. — Lectures choisies.

NOVEMBRE. — L'armée. — Le service militaire. — Le guerrier d'autrefois. — Le soldat d'aujourd'hui. — Lectures choisies.

DÉCEMBRE. — Gouvernement. — Diverses formes de gouvernement. — Monarchie. — République. — Lectures choisies.

JANVIER. — L'esclave. — Le serf. — Le citoyen. — Société d'autrefois. — Société d'aujourd'hui. — Lectures choisies.

FÉVRIER. — Législation. — Législateurs. — La loi. — La justice au moyen-âge. — La justice aujourd'hui. — Lectures choisies.

MARS. — La Patrie. — Serviteurs de la Patrie. — Bienfaiteurs de la Patrie. — Le patriotisme. — Lectures choisies.

AVRIL. — Ce qu'était le patriotisme autrefois, ce qu'il doit être aujourd'hui. — Le château féodal. — La Commune. — Lectures choisies.

MAI. — Les servitudes d'autrefois. — La corvée, la dîme, etc.—L'impôt aujourd'hui. — Justice de l'impôt. — Lectures choisies.

JUIN. — Administration du Pays.— Ses divisions territoriales actuelles. — La Commune. — Le Canton. — Le Département. — Les Provinces d'autrefois. — Lectures choisies.

JUILLET et AOUT. — La liberté. — Sentiment de la liberté. — Limite de la liberté. — L'égalité. — Condition de l'égalité. — Les privilèges. — La fraternité. — Les associations. — Lectures choisies. — Révision.

ARITHMÉTIQUE
(4 heures par semaine)

OCTOBRE. — Calcul oral et intuitif. — Principes de la Numération parlée et de la Numération écrite. — Les dizaines et les unités. Additions orales et écrites. — Exercices sur les nombres concrets. — Définition de l'Addition.

EDUCATION INTELLECTUELLE

ARITHMÉTIQUE (suite)

NOVEMBRE. — Exercices intuitifs sur la soustraction 1er et 2me cas. — Exercices d'application sur les nombres concrets pour l'Addition et la Soustraction. — Connaissance du mètre.

DÉCEMBRE. — Exercices sur l'Addition et la Soustraction.— Définition de la Soustraction. — Problèmes d'application oraux et écrits sur les deux opérations combinées. — Le Mètre, ses usages. — Multiples et sous-multiples.— Mesurage à l'aide du mètre.— Révision générale du 1er trimestre.

JANVIER. — Exercices intuitifs. — Formation de la table de Multiplication par 2, 3, 4, 5.— Exercices et problèmes d'application.— Le litre.— Ses usages. — Multiples et sous-multiples. — Mesurage à l'aide du litre.

FÉVRIER. — Exercices intuitifs. — Formation de la Multiplication par 6 et 7. — Problèmes oraux et écrits d'application sur les 3 opérations combinées. — Multiplication. — Le Gramme. — Multiples et sous-multiples. — Exercices à l'aide du poids.

MARS. — Formation de la table de Multiplication par 8 et 9. — Application des 3 opérations combinées. — Multiplication 2me cas.— Le Franc. — Usages. — Pièces de monnaie. — Problèmes d'application sur les 3 opérations et le système métrique. — Révision générale.

AVRIL. — Exercices intuitifs sur la Division. — Exercices sur la Division, le diviseur n'ayant qu'un chiffre. — 1er et 2me cas. — Problèmes d'application sur l'arithmétique et le système métrique.

MAI. — Division. — 3me cas. — Le diviseur ayant 2 chiffres au plus. — Révision et application des 3 cas. — Opérations pratiques sur les 4 règles et le système métrique.

JUIN. — Révision générale de la Division. — Problèmes d'application.

JUILLET et **AOUT.** — Révision générale.

GEOMÉTRIE
(1 heure par semaine)

OCTOBRE. — Simples exercices pour faire reconnaître et désigner les figures régulières les plus élémentaires. — Carré, triangle, cercle. — Exercices au tableau noir.

EDUCATION INTELLECTUELLE

GÉOMÉTRIE (suite)

NOVEMBRE. — Différentes sortes d'angles. — Application au tableau noir et sur l'ardoise. — Exercices d'application par combinaisons diverses.

DÉCEMBRE. — Idée des trois dimensions à l'aide de lignes, de figures et d'objets pratiques. — Révision des matières du programme.

JANVIER. — Notions sur les solides au moyen des solides mêmes et représentation des solides sur le papier.

FÉVRIER. — Notions sur les solides au moyen des solides mêmes et représentation des solides sur le papier.

MARS. — Révision des matières étudiées dans les mois précédents.

AVRIL. — Exercices de mesure et de comparaison des grandeurs par le coup-d'œil. — Appréciation approximative des distances. — Evaluation en mesures métriques.

MAI. — Exercices de récapitulation sur la mesure des grandeurs et l'appréciation des distances.

JUIN. — Exercices de récapitulation sur la mesure des grandeurs et l'appréciation des distances.

JUILLET et AOUT. — Révision générale.

DESSIN LINÉAIRE ET D'ORNEMENT
(1 heure par semaine)

OCTOBRE, NOVEMBRE, DÉCEMBRE

Tracé de lignes verticales et horizontales de différentes longueurs : 1º à l'aide des points ; 2º d'un seul trait. — Tracé à main-levée de lignes verticales et horizontales. — Dessins formés par la combinaison de ces lignes. — Division des lignes droites en parties égales. — Evaluation des rapports des lignes entre elles. — Petits dessins gradués. — Révision générale du cours.

JANVIER, FÉVRIER, MARS

Tracé de lignes obliques à 45º de gauche à droite et de droite à gauche. — Petits dessins formés de la combinaison des lignes droites et obliques,

EDUCATION INTELLECTUELLE

DESSIN LINÉAIRE ET D'ORNEMENT (SUITE)

— Angles différents. — Leur nom. — Comparaison des angles entre eux. — Reproduction des angles. — Dessins gradués sur la combinaison des lignes horizontales, verticales et obliques. — Révision générale du cours.

AVRIL, MAI, JUIN

Connaissance des instruments. — Circonférence. — Lignes qui s'y rapportent, exercices d'application. — Polygones réguliers. — Rosaces étoilées. — Exercices d'application. — Circonférence. — Inscription du carré, de l'octogone, du triangle équilatéral, de l'hexagone.

JUILLET et AOUT

Révision générale du cours.

ÉLÉMENTS USUELS DES SCIENCES PHYSIQUES ET NATURELLES
(1 heure 15 minutes par semaine)

OCTOBRE. — Le corps humain, ses parties principales. — Les saisons : température ; ressources qu'elles offrent, travaux.

NOVEMBRE. — Organes des sens : leurs fonctions. — Education des sens : appréciation des longueurs, des distances, des sons, des couleurs, des odeurs, des saveurs. — L'air, son utilité, ses effets : brise, vent, tempête.

DÉCEMBRE. — Des caractères distinctifs de l'homme, des animaux, des végétaux et des minéraux. — L'eau : nuages, pluie, neige, glace.

JANVIER. — Principaux mammifères de la contrée : cheval, bœuf, mouton, chien. etc. Services qu'ils rendent à l'homme. Produits : lait, cuir, laine, etc. — Le feu : combustibles.

FÉVRIER. — Mœurs des animaux étudiés précédemment. Soins : sociétés protectrices des animaux. — Oiseaux : espèces domestiques et auxiliaires de l'homme. — Poissons : espèces les plus connues. — Eléments du sol : pierres, sables et argiles.

MARS. — Végétaux, organes essentiels de la plante : racine, tige, fleurs,

EDUCATION INTELLECTUELLE

ÉLÉMENTS USUELS DES SCIENCES PHYSIQUES ET NATURELLES (suite)

fruits, graines. — Végétaux les plus importants : bois, son utilité. — Principales plantes alimentaires et industrielles.

AVRIL. — Céréales : pain, viande, légumes, fruits. — Préparation et conservation des aliments.

MAI. — Boissons : eau, vin, cidre, bière. — Tissus et vêtements : lin, chanvre, coton, laine, soie. — Chaussures.

JUIN. — Métaux : fer, cuivre, plomb, or, argent. — Le logement : ses diverses parties. — Division du temps. — Horloge. — Lecture de l'heure.

JUILLET et AOUT. — Bagage de l'écolier : papier, crayon, plume, etc.— L'orage.

Nota. — Une collection sera faite au moyen d'objets apportés par les élèves ou recueillis dans les promenades scolaires.

CHANT
(1 heure par semaine)

OCTOBRE. — Chants appris par l'audition.

NOVEMBRE et DÉCEMBRE. — Gamme, tons et demi-tons. — Exercice d'intonation au moyen de l'échelle musicale. — Chants.

JANVIER. — Exercices d'intonation. Application sur les mélodies apprises par cœur. — Chants.

FÉVRIER. — Portée : clef de sol. — Lectures de notes. — Exercices et chants.

MARS. — Exercices d'intonation sur la portée. — Etude des intervalles. — Chants.

AVRIL. — Exercices d'intonation sur la portée. — Etude des intervalles. — Chants.

MAI. — Forme et valeurs des notes et des silences. — Exercices sur les intervalles. — Accord parfait et ses renversements.

JUIN. — Leçons pratiques sur des mélodies apprises par cœur et écrites au tableau noir.

JUILLET et AOUT. — Etude des nuances. — Exercices. — Chants.

EDUCATION MORALE

MORALE ET POLITESSE
(1 heure 15 minutes par semaine)

OCTOBRE — **La Famille.** — Le père, la mère. — Fables et récits moraux.

Politesse. — Entretien sur le maintien du corps.

NOVEMBRE. — **La Famille.** — Les enfants.
Politesse. — Maintien.

DÉCEMBRE. — **La Famille.** — Droits des parents.
Politesse. — Propreté des mains et des ongles.

JANVIER. — **La Famille.** — Devoirs des enfants.
Politesse. — Politesse à l'école et à la maison.

FÉVRIER. — **La Famille.** — Liens qui doivent unir les membres d'une famille. — Différents degrés de parenté.
Politesse. — Politesse au dehors.

MARS. — **L'Ecole.** — Mission du maître. — Devoirs des élèves.
Politesse. — Règles à observer avant, pendant et après les repas.

AVRIL. — **L'Ecole.** — Sentiments de bonne confraternité qui doivent animer les élèves d'une même école.
Politesse. — Propreté des vêtements.

MAI. — **L'Ecole.** — Sentiments de bonne confraternité qui doivent animer les élèves des différentes écoles.
Politesse. — Règles à observer dans la conversation en société.

JUIN. — Préjugés et superstitions populaires. — Suites de l'intempérance, de la paresse et du désordre.
Politesse. — Récréations et jeux.

JUILLET et AOUT. — Récapitulation générale.

PROGRAMME DU COURS MOYEN

EDUCATION PHYSIQUE

HYGIÈNE
(30 minutes par semaine)

OCTOBRE. — Les repas, leur durée. Variété des aliments. — Sobriété.

NOVEMBRE. — Qualité des aliments plastiques. — Manière de les rendre assimilables.

DÉCEMBRE. — Influence des boissons alcooliques sur l'organisme des sens. -- L'ivrognerie et ses suites.

JANVIER. — Aération des appartements. — Air vicié. Différentes sortes d'asphyxies. Soins.

FÉVRIER. — Propreté du corps en général.

MARS. — Propreté des vêtements.

AVRIL. — Propreté des mains, des pieds et des ongles.

MAI. — Eclairage. Chauffage. Utilité. Dangers.

JUIN. — Empoisonnements par les sels de cuivre, de plomb et de zinc. Soins à donner. Bains. Asphyxie par submersion. — Insolation.

JUILLET et AOUT. — Révision générale.

GYMNASTIQUE
(1 heure par semaine)

OCTOBRE, NOVEMBRE, DÉCEMBRE

Révision rapide des mouvements de la tête et du tronc, des bras et des jambes. Mouvements des bras et des jambes (19 derniers exercices). Mêmes exercices avec les haltères. (Manuel, 2me partie.) — Exercices militaires. Ecole du soldat sans armes (1re partie du chapitre 1er jusqu'au n° 316).

JANVIER, FÉVRIER, MARS

Exercices des bras et des jambes avec la barre (34 exercices). — Exercices aux agrès : anneaux, échelles, corde à nœuds. Barres à suspension.

EDUCATION PHYSIQUE

GYMNASTIQUE (SUITE)

— Exercices militaires. Continuation de l'école du soldat sans armes (2e partie, du n° 316 au n° 419).

AVRIL, MAI, JUIN

Barres parallèles fixes : poutre horizontale, perches. — Exercices militaires. (Ecole de section, 1re partie.)

JUILLET et AOUT. — Révision générale.

TRAVAUX MANUELS
(Garçons, 1 heure par semaine)

OCTOBRE, NOVEMBRE, DÉCEMBRE

Construction d'objets de cartonnage revêtus de dessins coloriés et de papier de couleur.

JANVIER, FÉVRIER, MARS

Petits travaux en fil de fer. Treillage. Combinaison de fil de fer et de bois. Cages.

AVRIL, MAI, JUIN

Modelage : ornements simples d'architecture. Notions sur les outils les plus usuels.

JUILLET et AOUT. — Révision générale.

(Filles, 2 heures 30 par semaine)

OCTOBRE, NOVEMBRE, DÉCEMBRE

Eléments de la couture : point devant, point de côté, point arrière, point de surjet, point de côté ; ourlet ; surjet ; couture rabattue ; marque sur canevas.

JANVIER, FÉVRIER, MARS

Tricot. Confection de bas.

AVRIL, MAI, JUIN

Exercices d'application des éléments de couture sur des brassières fournies par le bureau de bienfaisance.

JUILLET et AOUT

Confection de sarreaux d'enfant fournis par le bureau de bienfaisance.

EDUCATION INTELLECTUELLE

LECTURE
(4 heures par semaine)

OCTOBRE, NOVEMBRE, DÉCEMBRE

Correction de la prononciation ; liaisons ; lecture avec repos aux signes de ponctuation. Explication du sens des mots. Récitation de morceaux faciles. — (Prose et poésie.)

JANVIER, FÉVRIER, MARS

Lecture avec prononciation correcte ; repos marqué par la ponctuation ; inflexions de voix naturelles et indiquées par le sens. Explications au point de vue des mots et des idées. Récitation de morceaux choisis. — (Prose et poésie.)

AVRIL, MAI, JUIN

Lecture avec prononciation correcte ; inflexions de voix et repos indiqués par la ponctuation et par le sens. — Résumés oraux de lectures courtes et complètes et en particulier de celles faites par le maître. Récitation de morceaux choisis. — (Prose et poésie.)

JUILLET et AOUT

Lecture correcte. Résumés oraux et écrits des lectures faites par le maître et par les élèves. Récitation de morceaux choisis. (Prose et poésie.)

ECRITURE
(2 heures 30 minutes par semaine)

OCTOBRE, NOVEMBRE, DÉCEMBRE

Ecriture en moyenne avec majuscules et lettres à boucles (3 à 4 millimètres environ). — Ecriture en grosse fine. — Principes expliqués au tableau noir. Chiffres. Tenue du corps, de la plume et du cahier.

JANVIER, FÉVRIER, MARS

Ecriture en petit moyen. Ecriture (3 millimètres en plus) en fin. Explication au tableau noir des principes de l'écriture, en moyen et en fin, avec exercices d'application sur le cahier. — Chiffres.

AVRIL, MAI, JUIN

Exercices divers d'écriture cursive dans toutes les grosseurs ; lettres

EDUCATION INTELLECTUELLE

ECRITURE (SUITE)

droites ; lettres à boucles ; majuscules, avec explication des principes au tableau noir. Chiffres arabes et chiffres romains.

JUILLET et AOUT

Révision rapide des principes enseignés et appliqués.

LANGUE FRANÇAISE
(5 heures par semaine)

OCTOBRE.—Les accents. Non commun. Nom propre. Genre et nombre. Exercices gradués et variés d'application et d'invention sur la distinction du genre et du nombre. Idée de la proposition. Dictées. Conjugaison orale et écrite des verbes auxiliaires. Exercices élémentaires de style.

NOVEMBRE. — Règle de la formation du pluriel dans les noms. Exceptions à la règle générale. Exercices sur la règle générale et les exceptions. Dictées. Exercices oraux et écrits au tableau noir sur les verbes réguliers des deux premières conjugaisons. Exercices de style.

DÉCEMBRE. — Article. Elision. Contraction. Adjectifs. Différentes sortes d'adjectifs. Formation du féminin et du pluriel dans les adjectifs, avec exercices. Dictées. Exercices oraux et écrits au tableau noir sur les verbes réguliers des deux premières conjugaisons. Exercices de style.

JANVIER. — Pronom. Différentes espéces de pronoms. Exercices d'application et d'invention sur le nom, l'adjectif et le pronom. Dictées. Exercices oraux et écrits au tableau noir sur les verbes réguliers de la 3me et de la 4me conjugaison. Exercices de style.

FÉVRIER. — Verbe. Sujet et compléments. Accord du verbe. Personnes, nombre, mode, temps. Radical et terminaison. Différentes sortes de verbes. Exercices sur le nom, l'article, l'adjectif, le pronom, le verbe. Dictées. Exercices oraux et écrits au tableau noir sur les verbes réguliers des quatre conjugaisons. Exercices de style.

MARS. — Verbes réguliers et irréguliers. Formation des temps. Conjugaison des verbes irréguliers les plus usités. Dictées. Exercices oraux d'analyse sur les verbes réguliers et irréguliers les plus usités des quatre conjugaisons. Exercices de style.

EDUCATION INTELLECTUELLE

LANGUE FRANÇAISE (SUITE)

AVRIL. — Participes. Participe présent et adjectif verbal. Règles générales d'accord du participe passé. Exercices d'application. Dictées. Exercices oraux d'analyse grammaticale et de conjugaison. Exercices de style.

MAI. — Mots invariables. Exercices d'application sur les mots invariables. Dictées. Exercices oraux d'analyse grammaticale et de conjugaison. Exercices de style.

JUIN. — Premières notions de syntaxe. Signes de ponctuation. Dictées d'application et sujets de style.

JUILLET et AOUT. — Révision générale.

HISTOIRE ET GÉOGRAPHIE
(3 heures 30 minutes par semaine)

HISTOIRE

OCTOBRE. — La Gaule et les Gaulois. Conquête de la Gaule par Jules. César. Vercingétorix. La Gaule sous la domination romaine. Etablissement du Christianisme. Invasion des Barbares. Les Huns. Les Francs. Clovis, ses conquêtes. Les fils de Clovis. Frédégonde et Brunehaut. Neustrie et Austrasie. Dagobert. Les maires du Palais. Etat de la nation aux Vme et VIme siècles.

NOVEMBRE. — Pépin le Bref. Charlemagne et ses successeurs. Fontanet. Serment de Strasbourg. Traité de Verdun. Formation du royaume de France. Les Normands. Robert le Fort. Eudes. Siège de Paris. Etablissement des Normands en France. Les grands Vassaux. Les quatre premiers Capétiens. L'an Mil. La Chevalerie. L'Eglise et son influence. Les Croisades. Leurs causes et leurs résultats.

DÉCEMBRE. — Les Communes, Philippe-Auguste. La Normaudie et ses ducs. Gouvernement de Saint-Louis. Philippe le Bel. Les premiers Etats-Généraux. Les Légistes. La guerre de Cent Ans. Crécy, Poitiers. Traité de Brétigny, Azincourt. Traité de Troyes, Jeanne d'Arc. Expulsion des Anglais. Institutions de Charles VII.

EDUCATION INTELLECTUELLE

HISTOIRE ET GÉOGRAPHIE

HISTOIRE *(suite)* .

JANVIER. — Le triomphe du pouvoir royal sur la féodalité. Louis XI et Charles le Téméraire. Les guerres d'Italie. Louis XII. François Ier. Lutte contre la prépondérance de la Maison d'Autriche. François 1er Henri II et Charles Quint. La Renaissance. Les Guerres civiles. Edit de Nantes et paix de Vervins. Administration de Henri IV. Sully.

FÉVRIER. — La Monarchie absolue. Les Bourbons. Henri IV et Sully. Louis XIII et Richelieu. Guerre de Trente Ans. Condé et Turenne. Traité de Westphalie. Louis XIV. Mazarin. Traité des Pyrénées.

MARS. — Louis XIV. Gouvernement personnel de Louis XIV. Les quatre Guerres de son règne. Colbert, Louvois, etc. Les grands hommes du XVIIᵐᵉ siècle. — Révision des matières étudiées pendant le trimestre.

AVRIL. — Louis XV et Louis XVI. La Régence. Les trois Guerres du règne de Louis XV. Perte des Colonies françaises. Turgot. Guerre d'Amérique. Convocation des Etats-Généraux.

MAI. — La Révolution Française. L'Assemblée Constituante. L'Assemblée Législative. La Convention. Le Directoire. Bonaparte. Campagnes d'Italie et d'Egypte.

JUIN. — De 1800 à 1815. Le Consulat et l'Empire. Organisation administrative et judiciaire. Guerres de l'Empire. Les Cent Jours. Waterloo. Traités de 1815. De 1815 à 1830. Louis XVIII. Invasion des alliés Exécutions militaires. Assassinat du duc de Berry. Charles X. 1824-1830. Expédition d'Afrique. Prise d'Alger. Révolution de 1830.

JUILLET et **AOUT.** — De 1830 à 1870. Louis-Philippe. 1830-1848. — Ministère Casimir-Périer. Mort du duc d'Orléans. Révolution de 1848. Le général Cavaignac. Assemblée constituante. Journées de Juin. Louis-Napoléon Bonaparte. Coup-d'Etat du 2 Décembre. Le second Empire. Guerres du second Empire. Percement de l'isthme de Suez. 1854-1867. Guerre de Prusse. Wissembourg. Woerth. Gravelotte. Sedan. Chute de l'Empire. Défense nationale. Capitulation de Metz. Siège de Paris. Traité de Versailles.

EDUCATION INTELLECTUELLE

HISTOIRE ET GÉOGRAPHIE (SUITE)

GÉOGRAPHIE

OCTOBRE. — Revue rapide des termes géographiques. Notions élémentaires de cosmographie. Grandes divisions du globe. Distinction de la géographie physique et de la géographie politique.

NOVEMBRE. — Etude succincte de l'Europe physique et politique. Ligne de partage des eaux..

DÉCEMBRE. — Etude de la France physique. Tracé des frontières. Ligne de partage des eaux. Montagnes. Bassins des grands fleuves. Les grands fleuves. Les grands canaux. — Cartographie.

JANVIER. — Etude spéciale des cinq bassins (des grands bassins et des bassins côtiers). — Cartographie.

FÉVRIER. — Géographie politique de la France. Notions sur les divisions politiques et administratives.

MARS. — Anciennes provinces; départements; chefs-lieux. Régions du nord, de l'est et du midi. — Cartographie.

AVRIL. — Départements. Régions de l'ouest et du centre. Révision. — Cartographie.

MAI. — Colonies françaises. Voies de communication. — Cartographie.

JUIN. — Productions. Industrie et commerce de la France. Principales voies de communication de la France avec les cinq parties du monde. — Ports étrangers en rapport avec le Havre.

JUILLET et AOUT. — Etude approfondie de l'arrondissement, du département et de la région. — Révision générale.

INSTRUCTION CIVIQUE
(30 minutes par semaine)

OCTOBRE, NOVEMBRE, DÉCEMBRE

Notions très sommaires sur l'organisation de la France. Le citoyen, ses obligations et ses droits. L'obligation scolaire; le service militaire; l'impôt; le suffrage universel.

EDUCATION INTELLECTUELLE

INSTRUCTION CIVIQUE (SUITE)

JANVIER, FÉVRIER, MARS

La commune, le maire, le conseil municipal. Bureau de bienfaisance. Hospices et hôpitaux. Le département, le préfet et le conseil général.

AVRIL, MAI, JUIN

L'Etat, le pouvoir législatif, le pouvoir exécutif, la justice. — Exemples. — Révision générale.

JUILLET et AOUT

Révision générale.

ARITHMÉTIQUE
(5 heures par semaine)

NOTA. — *Des exercices de Calcul mental auront lieu chaque semaine.*

OCTOBRE. — Révision du cours précédent. Division des nombres entiers. Problèmes d'application. Exercices écrits. Révision des mesures linéaires et de capacité. Mesures effectives. Exercices pratiques.

NOVEMBRE. — Idée générale des fractions. Fractions décimales. Exercices de lecture et d'écriture des nombres décimaux. Addition et soustraction. Révision des mesures de poids et des mesures de monnaie.

DÉCEMBRE. — Lecture et écriture des nombres décimaux. Multiplication et division. Divers cas qui se présentent. Problèmes usuels sur les quatre opérations appliquées aux nombres décimaux. Mesures de superficie. Mètre carré et are. Problèmes d'application. Révision des matières étudiées dans le trimestre.

JANVIER. — Révision de la division des nombres entiers et des nombres décimaux. Exercices d'application. Mesures de volume. Mètre cube. Stère. — Problèmes d'application.

FÉVRIER. — Idée générale de la fraction. Mesures de volume. Mètre cube et stère. Multiple et sous-multiples. — Problèmes d'application.

MARS. — Réduction des fractions au même dénominateur. Cas très simples. Problèmes d'application sur le mètre, le litre, le gramme.

EDUCATION INTELLECTUELLE

ARITHMÉTIQUE (SUITE)

AVRIL. — Réduction des fractions au même dénominateur. — Révision des matières étudiées dans le trimestre.

MAI. — Addition et soustraction des fractions. — Règles de trois, d'intérêt. Problèmes avec solutions raisonnées. — Le franc. — Série des monnaies. Nature. — Poids. — Titre. — Formation de sommes diverses. — Appoint.

JUIN. — Multiplication et division des fractions. Opérations pratiques sur les quatre opérations. Solutions raisonnées. Révision du système métrique avec applications diverses.

JUILLET et AOUT. — Révision générale du cours. — Problèmes d'application.

GÉOMÉTRIE
(1 heure par semaine)

OCTOBRE. — Révision du cours élémentaire.

NOVEMBRE. — Représentation au tableau noir et sur le cahier des figures de géométrie plane et des principaux volumes.

DÉCEMBRE. — Mesure des surfaces. Carré. Rectangle. Parallélogramme. Triangle. Problèmes d'application. Révision des matières étudiées dans le trimestre.

JANVIER. — Surface du trapèze, du losange et du cercle. Rapport du diamètre à la circonférence. — Problèmes.

FÉVRIER. — Volume du cube. Parallélipipède rectangle. Problèmes d'application et représentation.

MARS. — Volume du prisme triangulaire et du prisme dont la base est déterminée.

AVRIL. — Volume de la pyramide à base carrée. Rectangulaire. Triangulaire.

MAI. — Surface et volume du cylindre. — Problèmes d'application.

JUIN. — Volume du cône. — Problèmes d'application.

JUILLET et AOUT. — Révision générale du cours.

EDUCATION INTELLECTUELLE

DESSIN LINÉAIRE ET D'ORNEMENT
(1 heure par semaine)

OCTOBRE, NOVEMBRE, DÉCEMBRE

Dessin linéaire. — Connaissance des principaux instruments. — Reproduction au tableau noir à l'aide des instruments des lignes et des figures étudiées.

Dessin d'ornement. — Révisiou du cours élémentaire. Courbes géométriques usuelles. Ellipse. Spirale. Courbes empruntées au règne végétal, feuilles, fleurs, etc...

JANVIER, FÉVRIER, MARS

Dessin linéaire. — Premières notions de dessin géométral et représentation des objets en perspective cavalière.

Dessin d'ornement. — Copies de plâtres représentant des ornements d'un faible relief.

AVRIL, MAI, JUIN

Dessin linéaire. — Usage des instruments au tableau noir. — Applications pratiques. Petits croquis cotés très simples. — Révision générale du cours.

Dessin d'ornement. — Copies de plâtre. — Représentation géométrale au trait et représentation perspective au trait, puis avec des ombres de solides géométriques et d'objets usuels.

JUILLET et AOUT

Application rapide de tous les principes vus.

ÉLÉMENTS USUELS DES SCIENCES PHYSIQUES ET NATURELLES
(1 heure par semaine)

OCTOBRE. — L'homme. Description sommaire du corps humain. Idée des principales fonctions de la vie : Nutrition. Digestion. Circulation. Respiration. — Les trois états des corps.

NOVEMBRE. — Les trois règnes de la nature. Revue développée des caractères distinctifs des animaux, des végétaux, des minéraux. Grandes divisions animales. Vertébrés et invertébrés. Faire connaître par la division

EDUCATION INTELLECTUELLE

ÉLÉMENTS USUELS DES SCIENCES PHYSIQUES ET NATURELLES (suite)

de types bien connus la division des vertébrés en classes : mammifères, oiseaux, reptiles, batraciens, poissons.

DÉCEMBRE. — Etude d'un type de chacun des ordres de mammifères suivants : Quadrumanes, carnassiers, insectivores, rongeurs, pachydermes, ruminants, cétacés. — La chaleur. Faire connaître le thermomètre.

JANVIER. — Oiseaux : rapaces, passereaux, grimpeurs, gallinacés, échassiers, palmipèdes. — L'air. — Sa composition, son utilité. — (Explication simple du vent, du brouillard, du nuage, de la pluie et de la neige).

FÉVRIER. — Etude d'un type de chacune des classes suivantes : reptiles, batraciens, poissons. — L'air. — Ses effets. Ballons. Moulins à vent.

MARS. — Invertébrés : insectes, araignées, vers, crustacés, mollusques, zoophytes. — (NOTA. *Pour l'enseignement du règne animal en général.*) — Mettre en relief les caractères de chaque groupe et faire connaître quelques animaux utiles ou nuisibles y appartenant. — L'eau ; sa composition, son rôle dans la nature.

AVRIL. — Minéraux : les pierres et les terrains. — Matériaux servant à la construction. Notions sur les principales espèces de sol. Les engrais, les travaux agricoles. — Suite de l'eau. Son emploi comme force motrice.

MAI. — Métaux : fer, cuivre, plomb, zinc, étain, or, argent. — Le minerai. — Transformation, Usages des métaux. — La combustion. — Rôle de l'oxigène.

JUIN. — Végétaux, germination, structure des végétaux, diverses parties d'un végétal. — Combustibles : houilles, tourbe lignite, charbon de bois, etc., etc.

JUILLET et AOUT. — Notions sur les grandes divisions du règne végétal. — Plantes ligneuses et plantes herbacées. — *Nota.* Profiter des promenades scolaires pour mettre en relief les caractères essentiels de la famille et faire connaître les principales plantes utiles ou nuisibles de chaque groupe.

EDUCATION INTELLECTUELLE

CHANT
(1 heure par semaine)

OCTOBRE. — Mesure à deux temps : noire, blanche ; soupir ; pause. Liaison. Syncope. Temps forts et temps faibles. Intervalles de secondes et de tierces. — Chants.

NOVEMBRE. — Mesure à trois temps : noire, blanche. Usage du point, blanche pointée. Temps forts et temps faibles. Intervalles de quartes et de quintes. — Chants.

DÉCEMBRE. — Mesure à quatre temps : noire, blanche, ronde, pause, demi-pause. Temps forts et temps faibles. Intervalles de sixtes et de septièmes. — Chants.

JANVIER. — Etude pratique du mouvement et des nuances. — Chants.

FÉVRIER. — Mesure à deux temps : division binaire, croches, demi-soupirs. — Chants.

MARS. — Mesure à deux temps : exercices d'application sur la division binaire. — Canons.

AVRIL. — Mesure à trois temps : division binaire. Canons et chœurs faciles.

MAI. — Mesure à trois temps : exercices d'application sur la division binaire. Petites dictées. Canons et chœurs faciles.

JUIN. — Mesure à quatre temps : division binaire. Chœurs. Petites dictées vocales.

JUILLET et AOUT. — Mesure à quatre temps : division binaire. Petites dictées vocales. — Chœurs.

EDUCATION MORALE

MORALE ET POLITESSE
(1 heure 30 minutes par semaine)

OCTOBRE. — L'enfant dans la famille. — Devoirs envers les parents et les grands-parents. — Obéissance, respect, amour, reconnaissance. — Aider

EDUCATION MORALE
MORALE ET POLITESSE (SUITE)

les parents dans leurs travaux ; les soulager dans leurs maladies ; venir à leur aide dans leurs vieux jours.

Politesse. — Règles à observer à table.

NOVEMBRE. — Devoirs des frères et sœurs. S'aimer les uns les autres ; protection des plus âgés à l'égard des plus jeunes ; action de l'exemple.

Politesse. — Relations d'amitié. — Devoirs de politesse entre les membres d'une même famille.

DÉCEMBRE. — Devoirs envers les serviteurs. — Les traiter avec politesse et bonté. Récapitulation.

Politesse. — Relations d'amitié et relations d'intimité.

JANVIER. — L'enfant dans l'école. — Assiduité, docilité, travail, convenance. — Devoirs envers l'instituteur. — Devoirs envers les camarades.

Politesse. — Respect à l'égard de ses père et mère ; de ses frères et sœurs et de toutes les personnes qui visitent la famille.

FÉVRIER. — La Patrie. — La France, ses grandeurs et ses malheurs. — Devoirs envers la Patrie et la Société.

Politesse. — Relations sociales.

MARS. — Devoirs envers soi-même. — Le corps : propreté, sobriété et tempérance ; dangers de l'ivresse. — Gymnastique.

Politesse. — Les différentes manières de s'habiller et de saluer.

AVRIL. — Les biens extérieurs. — Economie. — Conseils de Franklin ; éviter les dettes ; funestes effets de la passion du jeu, ne pas trop aimer l'argent et le gain ; avarice.

Le travail. Ne pas perdre de temps ; obligation du travail pour tous les hommes. Noblesse du travail manuel.

Politesse. — Règles à observer en marchant et en courant.

MAI. — L'âme. — Véracité et sincérité ; ne jamais mentir. Dignité personnelle, respect de soi-même. — Ne point s'aveugler sur ses défauts. — Eviter l'orgueil, la vanité, la coquetterie, la frivolité. — Avoir honte de l'ignorance et de la paresse. — Courage dans le péril et dans le malheur ; patience, esprit d'initiative. — Dangers de la colère. Traiter les animaux

EDUCATION MORALE

MORALE ET POLITESSE (SUITE)

avec douceur ; ne point les faire souffrir inutilement. La loi Grammont. Sociétés protectrices des animaux.

Politesse. — Règles à observer dans les visites et aux inhumations.

JUIN. — Devoirs envers les autres hommes. — Justice et charité. — Faites aux autres ce que vous voudriez qu'ils vous fissent. — Ne porter atteinte ni à la vie, ni aux biens, ni à la réputation d'autrui. — Bonté, fraternité. — Tolérance, respect de la croyance d'autrui.

Politesse. — Visite aux hôpitaux et aux asiles des vieillards.

JUILLET et AOUT. — Existence de Dieu. — Obéissance à ses lois. — Révision générale.

NOTA. — **La Classe du Jeudi est consacrée au dessin et aux travaux manuels.**

PROGRAMME DU COURS SUPÉRIEUR

EDUCATION PHYSIQUE

HYGIÈNE

(30 minutes par semaine)

OCTOBRE. — L'Homme. — Hygiène des sens. — Goût. — Odorat. — Ouïe. — Vue. — La Voix. — Le Sommeil et la Veille. — Age. — Constitution. — Tempérament, — Habitudes. — Hérédité. — De la Santé.

NOVEMBRE. — Atmosphère. — Air. — Humidité. — Sécheresse. — Lumière. — Chaleur. — Froids. — Vents.. — Altérations principales de l'air. — Climats.

DÉCEMBRE. — Habitation. — Sol. — Exposition. — Ventilation. — Chauffage. — Eclairage. — Propreté. — Causes d'insalubrité. — Lieux d'aisances. — Dalles et égouts.

JANVIER. — Boissons. — Boissons alcooliques distillées. — Leurs dangers. — Ivrognerie. — Alcoolisme. — Boissons aromatiques. — Thé. — Café. — Des repas. — De la sobriété.

FÉVRIER. — Soins corporels. — Nécessité de la propreté. Soins généraux de propreté. — Ablutions. — Bains.

MARS. — Vêtements. — De leur forme. — Modifications des vêtements, suivant les saisons et les âges.

AVRIL. — De l'exercice. — Gymnastique. — Natation. — Escrime. — Danse. — Equitation. — Chant.

MAI. — Du travail. — Le travail est nécessaire. — Du travail chez les enfants. — Du choix d'une profession.

JUIN. — Du travail (suite). — Des professions, sous le rapport hygiènique. — Du travail intellectuel. — Du travail manuel. — Du repos.

JUILLET et AOUT. — Des maladies. — Maladies contagieuses. — Maladies épidémiques.

EDUCATION PHYSIQUE

GYMNASTIQUE
(1 heure par semaine)

OCTOBRE, NOVEMBRE, DÉCEMBRE

Gymnastique. — Mouvements des bras et des jambes combinés avec la marche. — Exercices d'équilibre. — Exercices à deux avec la barre (8 exercices). — Manuel (2ᵉ partie). — Exercices militaires. — Ecole de section, 2ᵉ partie (sans armes).

JANVIER, FÉVRIER, MARS

Gymastique. — Courses. — Sauts. — Sauts à la perche — Exercices aux agrès, anneaux, échelles, cordes à nœuds, cordes lisses, barres à suspension, barres parallèles fixes. — Exercices militaires, 1ʳᵉ partie de l'école de section en armes. — Instruction sur le démontage et le remontage de l'arme. — Entretien de l'arme. — Insister sur la connaissance des différentes pièces de l'arme.

AVRIL, MAI, JUIN

Gymnastique. — Poutre horizontale et perches. — Exercices militaires. — Ecole de compagnie, 1ʳᵉ partie, chapitre 1ᵉʳ, article 1ᵉʳ, article 2, article 3 et article 4, et s'il se peut le chapitre II, articles 1ᵉʳ, 2, 3 et 4.

TRAVAUX MANUELS
(Garçons, 1 heure par semaine)

OCTOBRE, NOVEMBRE, DÉCEMBRE

Exercices combinés de dessin et de modelage. — Croquis cotés d'objets à exécuter. — Etude des principaux outils employés au travail du bois. — Menuiserie. — Corroyage d'un morceau de bois de 0ᵐ50 de longueur environ. — Affûtage et montage du rifflard et de la varlope. — Mortaisage. — Maniement des scies à tenon, à arraser, façon des tenons. — Ajustage. — Outils employés dans le travail du fer. — Fer d'ajustage à mettre carré, trait croisé à 45°. — Fer d'ajustage octogonal avec saignées au bedane.

JANVIER, FÉVRIER, MARS

Menuiserie. — Construction d'objets d'après des croquis donnés, et *vice versa*. — Assemblage de deux pièces à tenon et mortaise. — Châssis sim-

EDUCATION PHYSIQUE

TRAVAUX MANUELS
(Garçons, 1 heure par semaine) *(Suite)*

ples à tenons et mortaises. — Tour. — Emmanchement des outils du tourneur. — Affûtage des outils. — Coupe et cintrage d'un morceau de bois. — Ebauchage des pièces à la gouge. — Boîtes clouées ou assemblées sans pointes. — Tour à bois. — Tournage d'objets simples. — Ajustage. — Montage et démontage d'une serrure et étude des principales pièces qui la composent. — Assembler deux morceaux de fer à queue d'arronde.

AVRIL, MAI, JUIN

Menuiserie. — Châssis à croisillon assemblé à onglet, le même à moulures. — Tour. — Manches simples calibrés, emmandrinés. — Pieds de bancs et pieds de table. — Exercices au tour en bois. — Confection de petits objets au tour. — Ajustage. — Règle, équerre simple à trait croisé. — Equerre à chapeau rapporté. — Pointeaux, pointes à tracer, marteaux, burins, bedanes, etc. — Etude des principales parties d'une porte et d'une croisée, montage et démontage de panneaux, de châssis, etc.

JUILLET et AOUT

Exercices d'application sur les parties vues.

(Filles, 2 heures 30 par semaine)

OCTOBRE, NOVEMBRE, DÉCEMBRE

Piqûres, froncés, boutonnières, marque sur la toile, reprise.

JANVIER, FÉVRIER, MARS

Tricot de jupon, repiéçage, remaillage, raccommodage de vêtements.

AVRIL, MAI, JUIN

Coupe et confection de vêtements simples : chemise de femme, camisole. — Provisions de bouche : pain, viande de boucherie, conservation du beurre, graisses, huiles. — Provision et conservation de légumes frais, de légumes secs et de fruits,

EDUCATION INTELLECTUELLE

LECTURE
(2 heures 30 minutes par semaine)

OCTOBRE, NOVEMBRE, DÉCEMBRE

Lecture expressive de morceaux choisis (prose et poésie), avec explication au triple point de vue des idées, du sens des mots et de la dérivation. Comptes rendus oraux et écrits. — Récitatiou de morceaux choisis (fables et poésies). — Lectures morales. — Profiter des lectures pour expliquer la ponctuation.

JANVIER, FÉVRIER, MARS

Lecture correcte et expressive continuée, avec comptes rendus oraux et écrits. — Lectures patriotiques par le maître et par les élèves.

AVRIL, MAI, JUIN

Continuation de la lecture expressive appliquée à des morceaux de genres divers (prose et poésie). — Comptes rendus oraux et écrits des morceaux lus par le maître et par les élèves. — Auteurs à choisir de préférence : Boileau, Buffon, Bernardin de Saint-Pierre, Casimir Delavigne, Molière, Corneille, V. Hugo, Paul Déroulède, etc. — Récitation de morçeaux choisis dans ces divers auteurs.

JUILLET et AOUT

Révision générale des principes de lecture à haute voix. — Récitation de morceaux variés.

ECRITURE
(1 heure par semaine)

OCTOBRE, NOVEMBRE, DÉCEMBRE

Ecriture ronde. — Principes, tenue de la plume et du corps. — Direction verticale de l'écriture. — Rapports entre la hauteur de l'écriture et la largeur du bec de la plume. — Différents groupes de lettres. — Longueur des lettres à queues et des boucles. — Majuscules. — Applications en écriture de différentes grosseurs. — Chiffres.

JANVIER, FÉVRIER, MARS

Ecriture bâtarde. — Principes, tenue de la plume et du corps. — Pente de l'écriture comparée à la cursive. — Rapports entre la hauteur de l'é-

EDUCATION INTELLECTUELLE

ECRITURE (SUITE)

criture et la largeur du bec de la plume. — Différents groupes de lettres : Suppression des boucles. — Longueur des lettres à queue. — Majuscules. Applications en écriture de différentes grosseurs. — Chiffres.

AVRIL, MAI, JUIN

Exercices des trois genres d'écriture (cursive, ronde, bâtarde), appliqués à la camptabilité.

JUILLET et AOUT

Exercices des trois genres d'écriture (cursive, ronde, bâtarde), appliqués à la comptabilité.

LANGUE FRANÇAISE
(5 heures par semaine)

OCTOBRE. — Application raisonnée des règles de grammaire, étudiées dans le cours moyen (révision). — Dictées tirées des textes classiques et révision des règles sur ces dictées. — Indication du sens propre, du sens figuré et du sens dérivé des mots. Rédaction d'un sujet par semaine. — Etude de la proposition (suite), compléments. — Différentes propositions. — Révision.

NOVEMBRE. — Syntaxe d'accord, syntaxe de régime. — Nom. Etude des principales difficultés que présentent le genre et le nombre de certains noms. Pluriel des noms propres, des noms empruntés anx langues étrangères et des noms composés. — Article. Emploi et suppression de l'article. Exercices d'application. Exercices de style.

DÉCEMBRE. — Adjectif. Fonction, place et complément des adjectifs. Accord de l'adjectif. Des adjectifs déterminatifs. Emploi et accord des adjectifs numéraux, possessifs et indéfinis : vingt, cent, même, tout, quelque, etc. — Pronom. Emploi des pronoms en général. Principales remarques auxquelles donne lieu la construction ou l'accord des pronoms personnels, démonstratifs, possessifs, conjonctifs et indéfinis. Exercices d'application. Exercices de style.

JANVIER. — Verbe. Accord du verbe avec son sujet, emploi du sujet et

EDUCATION INTELLECTUELLE

LANGUE FRANÇAISE (SUITE)

sa place ; principales exceptions à la règle générale. Complément des verbes. Emploi des auxiliaires. Emploi des temps et des modes. Concordance des temps du subjonctif avec ceux de l'indicatif et du conditionnel (application). Exercices de style.

FÉVRIER. — Participe. Participe présent et adjectif verbal. Règles générales et remarques particulières sur l'accord du participe passé. Mots invariables. Principales remarques auxquelles donne lieu l'emploi des mots invariables. Exercices d'application. Exercices de style.

MARS. — Notions d'étymologie usuelle ou étude des éléments qui constituent les mots : racines et radicaux, initiales ou préfixes, désinences ou terminaisons. Dérivés ou composés : familles de mots, synonymes. Simples explications pour faire comprendre aux enfants la métrique des vers et les différentes sortes de poésies (odes, fables, etc.).

AVRIL. — Qualités générales et particulières du style. — Des figures : figures de grammaire, figures de mots, figures de pensées. Exercices d'application.

MAI. — Principes de la composition française. — De la narration ; de la description ; de la lettre, de l'invention ; de la disposition ; de l'élocution. Exercices de composition française. Analyses littéraires très simples de fables et de poésies courtes et faciles. Récits et compte-rendus divers

JUIN. — Notions de littérature française. Principales époques ; noms et ouvrages des auteurs les plus célèbres. Exercices sur la biographie de trois ou quatre de nos auteurs classiques. Analyses littéraires de morceaux divers (prose, poésies). Lettres d'affaires. Récits, narrations, etc.

JUILLET et AOUT. — Révision du cours.

NOTA. — *Le cours de langue étrangère devra être fait en dehors des heures règlementaires.*

EDUCATION INTELLECTUELLE

HISTOIRE ET GÉOGRAPHIE
(4 heures par semaine)

HISTOIRE

OCTOBRE. — Quelques mots sur l'Egypte. — Ses institutions, ses mœurs, ses lois, ses monuments. — Les Juifs. — Moïse, les juges, les rois. Dispersion des Juifs.

NOVEMBRE. — La Grèce. — Premiers peuples de la Grèce. — Sparte ; Lycurgue et ses lois. — Athènes : Solon. — Guerres médiques. — Rivalité de Sparte et d'Athènes, ses conséquences. — La Macédoine : Philippe, Démosthènes, Alexandre. — Conquête de la Grèce par les Romains. — Rôle de la Grèce dans l'histoire générale du monde ancien.

DÉCEMBRE. — Les Romains. — Temps primitifs. — La République. — Organisation. — Principaux faits de la République à l'Empire. — Les principaux Césars. — Décadence de l'Empire romain. — Invasions barbares. — Rôle de Rome dans l'histoire générale du monde ancien.

JANVIER. — Révision du cours moyen jusqu'à Henri IV.

FÉVRIER. — Prépondérance de la France en Europe. Louis XIII ; Richelieu et sa politique. — Guerre de trente ans. — Paix de Westphalie (1648). — Révolution de 1648 en Angleterre. — Cromwell. — Minorité de Louis XIV ; Mazarin et la Fronde ; Mazarin et l'Espagne ; traité des Pyrénées. — Monarchie absolue. — Louis XIV. — Politique extérieure ; guerres. — Gouvernement intérieur : Finances, industrie, commerce : Colbert. — Organisation militaire : Louvois, Vauban. — Révocation de l'édit de Nantes. — Les grands hommes sous Louis XIV. — Etat général de l'Europe en 1715. — La Suède et la Russie ; Charles XII et Pierre-le-Grand.

MARS. — Les successeurs de Louis XIV. — Régence. — Système de Law. — Ministère de Fleury. — Les trois guerres du règne de Louis XV et les traités. — Perte de nos colonies. — Partage de la Pologne. — Etat moral de la France : les Parlements ; les lettres, les sciences ; les philosophes. — Louis XVI. — Turgot et Malesherbes. — Necker. — Guerre de l'indépendance des Etats-Unis. — Traité de Versailles. — De Calonne. — Assemblée des notables. — Second ministère de Necker. — Convocation

EDUCATION INTELLECTUELLE

HISTOIRE ET GÉOGRAPHIE

HISTOIRE *(suite)*

des Etats-Généraux. — Les élections. — Les cahiers. — Situation poli'tique de l'Europe en 1789. — Un mot sur les institutions politiques de l'ancienne France.

AVRIL. — La Révolution française. — Assemblée Constituante. — Serment du Jeu de Paume. — Prise de la Bastille. — Journées des 5 et 6 Octobre. — Fuite du roi. — Constitution de 1791. — Assemblée législative. — Première coalition contre la France. — Le 10 Août 1792. — Massacres de Septembre. — Valmy. — Jemmapes. — La Convention. — La République. — Procès et mort de Louis XVI. — Robespierre. — La Terreur. — Campagnes de 1793-1794. — Les grands hommes de la Convention. — Le Directoire. — Campagne de Bonaparte en Italie. — Expédition d'Egypte. — Le 18 Brumaire. — Le Consulat. — Organisation administrative, judiciaire et financière. — 2me campagne d'Italie. — Le Concordat.

MAI. — L'Empire. — Les principales guerres ; les Cent-Jours ; Waterloo. Traité de 1815. — La Restauration : Louis XVIII. — Exécutions militaires. — Assassinat du duc de Berry. — Réaction contre les idées de 1789. — Charles X. — Indemnité aux émigrés. — Les ordonnances. — Prise d'Alger. — Révolution de 1830. — Chute définitive des Bourbons. — Résultats de la Restauration.

JUIN. — Le gouvernement constitutionnel. — Louis-Philippe. — Ministère de Casimir-Périer (1831-1832). — Ministère de Guizot (1840-1848). — Révolution de Février 1848. — Le Gouvernement provisoire. — L'Assemblée constituante. — Journées de Juin. — Constitution de 1848. — Coup-d'Etat du 2 Décembre. — Le second Empire. — Institutions, commerce, industrie. — Guerres de Napoléon III (1870-71). — Défaites de Wissembourg, Woerth, Forbach, etc. — Capitulation de Sedan. — Chute de l'Empire et démembrement de la France.

JUILLET et AOUT. — Révolution du 4 Septembre. — Gouvernement de la Défense Nationale. — Capitulation de Strasbourg et de Metz. — Capitulation de Paris. — Traité de Francfort. — La République. — Constitution. — Exposition universelle. — Récapitulation.

EDUCATION INTELLECTUELLE

HISTOIRE ET GÉOGRAPHIE (SUITE)

GÉOGRAPHIE

OCTOBRE. — Cosmographie. Le soleil, les planètes. Etude de la sphère. Equateur ; cercles parallèles ; méridiens. Latitude et longitude d'un lieu.

NOVEMBRE. — L'Asie. Géographie physique et politique. Grandes divisions. Produits du sol. Industrie. Principaux ports de commerce en relation avec la France et particulièrement avec le Havre. — L'Océanie. Ses grandes divisions. Produits. Commerce, etc.

DÉCEMBRE. — L'Afrique : Géographie physique et politique. Grandes divisions. Produits du sol. Industrie. Principaux ports de commerce en relation avec la France et particulièrement avec le Havre. — Etude particulière de l'Algérie et de la Tunisie.

JANVIER. — L'Amérique. Amérique du Nord, Amérique du Centre et Amérique du Sud. Géographie physique. Grandes divisions politiques. Produits du sol. Industries. Principaux ports de commerce en relation avec la France et particulièrement avec le Havre.

FÉVRIER. — Europe. Ligne de partage des eaux. Contreforts. Altitude des principales montagnes. Grands bassins. Relief du sol. Climats. Etats avec leur capitale. Agriculture, industrie, commerce. Exercices de cartographie. — Insister sur la géographie physique et sur la géographie politique des contrées limitrophes de la France.

MARS. — Les colonies de la France, anciennes et modernes ; comparaison avec la puissance coloniale des autres contrées du monde. Etude complète de la France physique : ligne de partage des eaux ; chaînes de montagnes ; versants ; bassins, bassins côtiers ; fleuves, affluents, rivières. Cartographie de mémoire.

AVRIL. — Géographie politique, administrative et historique de la France. Anciennes frontières. Frontières actuelles. Anciennes provinces. Départements. Leur position, Cartographie de mémoire.

MAI. — Géographie agricole, industrielle et commerciale de la France. Zônes de culture. Principaux centres industriels. Grands ports de commerce. Grands réseaux de chemins de fer. Canaux. Cartographie de mémoire.

EDUCATION INTELLECTUELLE

HISTOIRE ET GÉOGRAPHIE

GÉOGRAPHIE *(suite)*

JUIN. — Récapitulation générale du cours. Voyages. Etude détaillée de la Normandie. Cartographie de mémoire.

JUILLET et AOUT. — Grands courants commerciaux. Grands ports du monde. Comparaison. Lignes de steamers et de télégraphie. — Révision.

INSTRUCTION CIVIQUE

Droit usuel, Economie politique

(1 heure par semaine)

OCTOBRE, NOVEMBRE, DÉCEMBRE

Instruction civique. — La Constitution, le président de la République. — Le Sénat. — La Chambre des députés. — La Loi. — Droit usuel. — L'état civil. — La protection des mineurs. — Economie politique. — L'homme et ses besoins ; la Société et ses avantages. — Le crédit, le salaire et l'intérêt.

JANVIER, FÉVRIER, MARS

Instruction civique. — L'administration centrale, départementale et communale ; les diverses autorités. — Droit usuel. — La propriété, les successions. — Economie politique. — Production et richesse : Matière première, le travail, le capital, le temps, les agents naturels, la division du travail, le capital, l'outillage industriel. La part du capital, la part du travail, la part de l'Etat. — La propriété. L'association : Syndicats, sociétés coopératives, assurances. — Circulation et distribution de la richesse : l'échange.

AVRIL, MAI, JUIN

Instruction civique. — La justice civile et pénale. — L'enseignement, ses divers degrés. — La force publique ; l'armée. — Droit usuel. — Les contrats les plus usuels : Vente, louage, etc. — Economie politique. — L'épargne, Caisses d'épargne, Sociétés de prévoyance, de secours mutuels, de retraite. — Tenue de la maison, ordre, exactitude.

JUILLET et AOUT

Révision générale.

EDUCATION INTELLECTUELLE

COMPTABILITÉ
(1 heure par semaine)

OCTOBRE. — Achat. — Vente. — Echange, — Bénéfice. — Perte. — Mémoires et factures. — Timbre mobile. — Tenue d'un carnet d'ouvrier. — Tenue d'un carnet de ménage.

NOVEMBRE. — Balance mensuelle. — Economies. — Reconnaissance. — Intérêt simple. — Calcul. — Fonds de commerce. — Inventaire. — Bail. — Patente.

DÉCEMBRE. — Achat de marchandises à terme. — Traite. — Billet à ordre. — Lettre de change. — Chèque. — Nom des principaux livres de commerce. — Révision générale du cours.

JANVIER. — Livres imposés par la loi : Journal, copie de lettres. — Livre des inventaires. — Factures diverses. — Lettres de voiture et d'expédition. — Livre de magasin.

FÉVRIER. — Des livres auxiliaires les plus usités : Brouillard, grand-livre, livre de caisse, carnet d'échéances, livre de marchés.

MARS. — Bordereaux d'escompte. — Effets de commerce. — Comptes généraux. — Tenue des livres en partie double. — Débits et crédits. — Opérations pratiques sur le brouillard, le journal et le grand-livre. — Balance du mois.

AVRIL. — Révision des opérations pratiques sur les livres indiqués ci-dessus.

MAI. — Suite des opérations pratiques sur les livres indiqués ci-dessus. — Rectification des erreurs en passant un nouvel article.

JUIN. — Balance et inventaire. — De la faillite. — De la banqueroute simple et de la banqueroute frauduleuse.

JUILLET et AOUT. — Révision générale des cours.

EDUCATION INTELLECTUELLE

ARITHMÉTIQUE
(5 heures par semaine)

OCTOBRE. — Révision des principes fondamentaux de la numération parlée et de la numération écrite. — Principes les plus simples de théorie sur les quatre opérations. — Exercices et problèmes avec solutions raisonnées. — Mètre carré et are. — Racine carrée des nombres entiers et des nombres décimaux.

NOVEMBRE. — Nombres 1ers. — Divisibilité des nombres par 2 et 5, 4 et 25, 8 et 125, 9 et 3. — Recherche des procédés rapides du calcul mental et du calcul écrit. — Exercices d'application. — Mètre cube. — Applications pratiques.

DÉCEMBRE. — Décomposition d'un nombre en ses facteurs premiers. P. G. C. Diviseur et P. P. C. multiple. — Problèmes raisonnés. — Litre. — Mesures effectives. — Applications. — Révision du cours.

JANVIER. — Problèmes plus compliqués sur les fractions. — Le gramme. — Applications pratiques.

FÉVRIER. — Méthode de réduction à l'unité appliquée à la résolution des problèmes sur la règle de trois simple et composée. — Densité des corps. — Problèmes.

MARS. — Application de la méthode de réduction aux règles d'intérêt, d'escompte. — Problèmes pratiques. — Monnaies. — Révision du cours.

AVRIL. — Application de la méthode de réduction à l'unité aux rentes sur l'Etat. — Actions et obligations. — Courtage. — Monnaies, titre et poids.

MAI. — Problèmes sur la règle de société, de mélange, d'alliage. — Relations des mesures entre elles. — Applications pratiques. — Règle du temps pour les paiements. — Echéance commune.

JUIN. — Exercices pratiques empruntés aux questions usuelles. — Caisse d'épargne. — Répartition des impôts. — Assurances. — Intérêt composé. — Cas les plus simples et les plus usuels. — Problèmes d'application.

JUILLET et AOUT. — Révision générale du cours.

EDUCATION INTELLECTUELLE

GÉOMÉTRIE
(1 heure par semaine)

OCTOBRE. — Révision des matières enseignées dans le cours moyen.

NOVEMBRE. — Ce que c'est qu'une aire. — Mesure des aires. — Aire du rectangle, du carré, du parallélogramme, du triangle, du trapèze. — Problèmes d'application.

DÉCEMBRE. — Mesure de l'aire d'un polygone quelconque par la triangulation. — Aire d'un polygone régulier. — Aire du cercle. — Mesure d'une aire plane limitée par une ligne courbe. — Problèmes d'application. — Révision du cours.

JANVIER. — Carré de l'hypoténuse. — Démonstration à l'aide de la takymétrie. — Lignes proportionnelles et triangles semblables. — Figures équivalentes. — Exercices.

FÉVRIER. — Des polyèdres. — Définition de la perpendiculaire à un plan. — Des plans parallèles. — Prismes parallélipédiques. — Pyramides. — Problèmes d'application.

MARS. — Mesures de volume. — Enoncer sans démonstration les théorèmes relatifs à la mesure du parallélipipéde, du prisme et de la pyramide. — Exercices d'application.

AVRIL. — Surface latérale et volume du cylindre, du cône et du tronc de cône. — Surface et volume de la sphère. — Problèmes d'application.

MAI. — Cubage d'un massif de maçonnerie, d'un tas de sable, d'un fossé, jaugeage d'un vase, d'un seau, d'un tonneau, d'un tronc d'arbre.

JUIN. — Opérations sur le terrain à l'aide de la chaîne et de l'équerre. — Mesurage et partage des figures planes. — Idée du nivellement.

JUILLET et AOUT. — Révision générale du cours.

DESSIN LINÉAIRE ET D'ORNEMENT
(1 heure 30 minutes par semaine)

OCTOBRE, NOVEMBRE, DÉCEMBRE

Dessins d'après l'estampe et d'après le relief d'ornements purement géométriques : Moulures, oves, rais de cœur, perles, denticules, etc. — Dessin

EDUCATION INTELLECTUELLE

DESSIN LINÉAIRE ET D'ORNEMENT (SUITE)

d'exécution à l'aide des instruments. — Tracé géométrique. — Perpendiculaires. — Constructions de surface. — Raccordements de lignes. — Moulures. — Applications pratiques.

JANVIER, FÉVRIER, MARS

Dessins d'après l'estampe et d'après le relief empruntant leurs ornements au règne végétal : Feuilles, fleurs et fruits. — Palmettes. — Rinceaux. — Dessins reproduisant des motifs de décoration de surfaces planes ou d'un faible relief. — Carrelages. — Parquetages. — Vitraux. — Panneaux. — Plafonds. — Principes du lavis à teinte plate.

AVRIL, MAI, JUIN

Notions élémentaires sur les ordres d'architecture donnés au tableau noir par le maître. — Dessin de la tête humaine. — Ses parties. — Ses proportions. — Etude de l'échelle. — Différentes sortes d'échelles. — Relevé avec cotes et représentation géométrale au trait de solides réguliers et d'objets simples. — Assemblage de charpente. — Pièces de serrurerie, etc. — Application au dessin des teintes conventionnelles.

JUILLET et AOUT

Levé des plans et des cartes. — Révision générale.

ÉLÉMENTS USUELS DES SCIENCES PHYSIQUES ET NATURELLES

(1 heure 30 minutes par semaine)

OCTOBRE, NOVEMBRE, DÉCEMBRE

Physique. — Propriétés générales des corps. — Différences entre les phénomènes physiques et chimiques. — Pesanteur : les leviers. — Pression atmosphérique ; baromètre. — Liquides : pression, vases communiquants, jets d'eau, principe d'Archimède appliqué à la recherche de la densité des corps. — La chaleur, dilatation, température, construction du thermomètre, emploi de la vapeur comme force motrice. La lumière : réflexion, microscope, spectre solaire étudié au moyen de l'arc-en-ciel. — L'électricité : le paratonnerre, le télégraphe, la boussole. — Chimie. — Idée des corps simples et des corps composés. — Métaux précieux et alliages. — Principaux sels, leurs usages.

EDUCATION INTELLECTUELLE

ÉLÉMENTS USUELS DES SCIENCES PHYSIQUES ET NATURELLES (suite)

JANVIER, FÉVRIER, MARS

Histoire naturelle. L'homme. Fonctions de nutrition : la digestion et l'absorption. Circulation : le sang, son rôle, le cœur, les artères et les veines. — Mécanisme de la respiration. — Poumons et bronches ; action de l'air dans les poumons, dégagement de chaleur dans la respiration ; asphyxie. — Fonctions de relation : os, muscles, nerfs, cerveau, paralysie. Organes des sens : sensations du toucher, du goût, etc. — Les animaux. — Grands traits de la classification : embranchements, division en classes. Vertébrés. — Invertébrés : annelés, mollusques et zoophytes. Animaux utiles et nuisibles. Etude des caractères essentiels de chaque famille en se basant sur le type déjà étudié.

AVRIL, MAI, JUIN

Les végétaux. — Etude des parties essentielles de la plante : racines, tiges, feuilles, leurs fonctions ; fleurs et fruits, la graine ; faire observer le phénomène de la germination au moyen d'un haricot ou d'un grain de blé. — Principaux groupes de végétaux : 1° Plantes alimentaires : céréales, fourrages, légumes, fruits ; 2° Plantes industrielles : textiles, oléagineuses, tinctoriales et médicinales. (On profitera des promenades scolaires pour mettre en relief les caractères essentiels de chaque groupe, on fera connaître les principales plantes utiles et nuisibles, herborisations.) — Géologie. — Notions sommaires sur le sol : terres arables, sous-sol, roches, argiles ; pierres calcaires ; pierres siliceuses. Formation des terrains. — Fossiles. Ordre de superposition des terrains. — Mouvements du sol, etc. — Excursions géologiques. Collections. Agriculture et horticulture. — Notions sur les travaux agricoles, les outils aratoires, le drainage, les engrais naturels et artificiels, les semailles et les récoltes ; sur les animaux domestiques. — Bouture et greffe.

JUILLET et AOUT

Récapitulation générale.

EDUCATION INTELLECTUELLE

CHANT
(1 heure par semaine)

OCTOBRE. — Révision du cours moyen. — Mesure composée à 2 temps. — Chœurs.

NOVEMBRE. — Révision du cours moyen. — Mesure composée à 3 temps — Chœurs,

DÉCEMBRE. — Révision'du cours moyen. — Mesure composée à 4 temps. — Chœurs.

JANVIER. — Signes altératifs, intervalle augmenté, diminué, renversements,

FÉVRIER. — Gamme majeure par dièses. — Etude particulière des gammes de ré et de sol. — Chœurs.

MARS. — Gamme majeure par bémols. — Etude particulière des gammes de fa et de si bémols. — Chœurs.

AVRIL. — Formation de la gamme mineure. — Exercices d'intonation sur la gamme mineure. — Chœurs.

MAI. — Révision de tous les principes, applications diverses. — Nombreuses dictées vocales. — Exécution de chœurs.

JUIN. — Révision de tous les principes, applications diverses. — Nombreuses dictées vocales. — Exécution de chœurs.

JUILLET et AOUT. — Révision de tous les principes, applications diverses. — Nombreuses dictées vocales. — Exécution de chœurs.

EDUCATION MORALE

MORALE
(1 heure 30 minutes par semaine)

OCTOBRE. — **La Famille.** — Devoirs des Parents et des Enfants. — Devoirs réciproques des maîtres et des serviteurs.

NOVEMBRE. — **La Société.** — L'enfant dans l'école, ses devoirs

EDUCATION MORALE

MORALE (SUITE)

envers l'Instituteur et envers ses camarades. Nécessité et bienfaits de la la société. — La justice, la solidarité, la fraternité humaine.

DÉCEMBRE. — Application et développements de l'idée de Justice : Respect de la vie et de la liberté humaine. — Respect de la propriété, de la parole donnée, de l'honneur et de la réputation d'autrui. — La probité. — L'équité, la délicatesse. — Respect des opinions et des croyances.

JANVIER. — Applications et développements de l'idée de charité ou de fraternité. — Ses divers degrés ; bienvaillance, reconnaissance, tolérance, clémence, etc. — Le dévouement ; forme suprême de la charité : montrer qu'il peut trouver place dans la vie de tous les jours.

FÉVRIER. — La Patrie. — Ce que l'homme doit à la Patrie : obéissance aux lois, le service militaire, discipline, dévouement, fidélité au drapeau.

MARS. — L'Impôt. — Condamnation de toute fraude envers l'Etat, envers la Commune.

Le Vote. — Il est moralement obligatoire : il doit être libre, consciencieux, désintéressé et éclairé.

AVRIL. — Droits qui correspondent aux devoirs ci-dessus énumérés : Liberté individuelle, liberté de conscience, liberté de travail, liberté d'association, garantie de la sécurité de la vie et des biens de tous. — La souveraineté nationale : Expliquer la devise républicaine : liberté, égalité, fraternité.

MAI. — Devoirs envers soi-même et envers les autres : justice, charité, tolérance.

JUIN. — L'Ame. — Véracité et sincérité. — Dignité personnelle. — Respect de soi-même. — Modestie : Ne point s'aveugler sur ses défauts, éviter l'orgueil, la vanité, la coquetterie, la frivolité.

JUILLET et AOUT. — Devoirs envers Dieu. — Obéissance à ses lois telles qu'elles sont révélées par la conscience et la raison. — Récapitulation générale.

**NOTA. — La Classe du Jeudi matin est consacrée au dessin

TABLE DES MATIÈRES

D

E

F

G

H

I

L

M

U

HAVRE. — Imp MAUDET & GODEFROY, quai d'Orléans, 19